BESTACTIVITYBOOKS.COM

Copyright © 2022 LINGUAS CLASSICS

PRIMA EDIZIONE 2022

Illustrazione Grafica Extra: www.freepik.com
Grazie a Alekksall, Starline, Pch.vector, Rawpixel.com,
Vectorpocket, Dgim-studio, Upklyak, Macrovector,
Stockgiu, Pikisuperstar & Freepik.com Designers

Scoprire i Giochi Gratuiti Online

Disponibile Qui:

BestActivityBooks.com/FREEGAMES

5 CONSIGLI PER INIZIARE

1) COME RISOLVERE LE PAROLE INTRECCIATTE

I puzzle hanno un formato classico:

- Le parole sono nascoste senza spazi o trattini,...
- Orientamento: Le parole possono essere scritte in avanti, indietro, verso l'alto, verso il basso o in diagonale (possono essere invertite).
- Le parole possono sovrapporsi o intersecarsi.

2) APPRENDIMENTO ATTIVO

Accanto ad ogni parola c'è uno spazio per scrivere la traduzione. Per incoraggiare l'apprendimento attivo, un **DIZIONARIO** alla fine di questa edizione vi permetterà di controllare e ampliare le vostre conoscenze. Cerca e scrivi le traduzioni, trovale nel puzzle e aggiungile al tuo vocabolario!

3) SEGNARE LE PAROLE

Puoi inventare il tuo sistema di segni. Forse ne usi già uno? Per esempio, puoi segnare le parole difficili da trovare con una croce, le parole preferite con una stella, le parole nuove con un triangolo, le parole rare con un diamante, e così via.

4) STRUTTURARE L'APPRENDIMENTO

Questa edizione offre un **TACCUINO** alla fine del libro. In vacanza, in viaggio o a casa, puoi organizzare facilmente le tue nuove conoscenze senza bisogno di un secondo quaderno!

5) AVETE FINITO TUTTE LE GRIGLIE?

Nelle ultime pagine di questo libro, nella sezione della **SFIDA FINALE**, troverete un gioco gratuito!

Facile e veloce! Dai un'occhiata alla nostra collezione di libri di attività per il tuo prossimo momento di divertimento e **apprendimento,** a portata di clic!

Trova la tua prossima sfida su:

BestActivityBooks.com/MioProssimoLibro

Ai vostri posti, pronti...Via!

Sapevi che ci sono circa 7.000 lingue diverse nel mondo? Le parole sono preziose.

Amiamo le lingue e abbiamo lavorato duramente per creare libri di altissima qualità. I nostri ingredienti?

Una selezione di argomenti adatti all'apprendimento, tre buone porzioni di intrattenimento, una cucchiaiata di parole difficili e una spolverata di parole rare. Li serviamo con amore e entusiasmo in modo che tu possa risolvere i migliori giochi di parole e divertirti imparando!

La vostra opinione è essenziale. Puoi partecipare attivamente al successo di questo libro lasciandoci un commento. Ci piacerebbe sapere cosa ti è piaciuto di più di questa edizione.

Ecco un link veloce alla pagina dell'ordine:

BestBooksActivity.com/Recensione50

Grazie per il vostro aiuto e buon divertimento!

Tutta la squadra

1 - Scacchi

```
F D Y M O T S T A N D E R E
S P I L L J I T O L T M D M
D X R K O N K U R R A N S E
K P O E N G T I D A G P K S
S V A R T J N H D B T G O T
O F F E R X L H Y P U E N E
D R O N N I N G V L F H G R
S P I L L E R K I I H C E I
I A A T B R E C J N T W A G
S S Q D I A G O N A L X V N
D S O E X X L I X F Z Y Z W
D I J R G R E V Z G C T X E
U V U T F O R D R I N G E R
P T U R N E R I N G G X E C
```

MOTSTANDER	POENG
HVIT	KONGE
MESTER	DRONNING
KONKURRANSE	REGLER
DIAGONAL	OFFER
SPILLER	UTFORDRINGER
SPILL	STRATEGI
SVART	TID
PASSIV	TURNERING

2 - Aggettivi #2

```
C K A G V P R O D U K T I V
A N S V A R L I G R P T N S
H K C U D Q N Q B K B I T Ø
H N Y Z N K S U L T E N E T
X A U T E N T I S K S G R J
R A F U L P E Z F D K K E T
S A L T E Z R W U D R R S K
S I E Z G T K T G Z I E S M
F T U X A K Ø P B B V A A N
A R O P N A T R E A E T N O
G W M L T D U O R E N I T R
M X N M T Z B M Ø L D V R M
N A T U R L I G M C E L W A
Z N Y D R A M A T I S K H L
```

SULTEN
TØRR
AUTENTISK
KREATIV
BESKRIVENDE
SØT
DRAMATISK
ELEGANT
BERØMT
STERK

INTERESSANT
NATURLIG
NORMAL
NY
STOLT
PRODUKTIV
REN
ANSVARLIG
SALT
SUNN

3 - Mobili

```
M  M  Z  F  P  I  G  A  R  D  I  N  E  R
A  O  G  V  F  G  C  M  R  P  X  R  Q  D
D  P  U  T  E  R  F  A  C  M  M  R  Y  L
R  U  V  O  W  S  C  S  S  U  O  D  A  S
A  T  B  D  L  O  T  P  D  J  L  I  T  E
S  E  E  D  Z  F  E  E  F  S  A  B  R  H
S  W  Q  A  G  A  P  I  X  A  M  O  P  E
S  E  N  G  Z  D  P  L  Y  I  P  K  Z  I
G  U  H  E  N  G  E  K  Ø  Y  E  H  I  L
S  K  R  I  V  E  B  O  R  D  Q  Y  X  E
O  T  F  U  T  O  N  E  L  N  J  L  N  O
D  J  O  A  J  D  E  K  N  B  O  L  T  C
I  Y  D  L  B  L  V  O  D  K  F  E  B  B
H  T  X  T  O  L  E  N  E  S  T  O  L  P
```

HENGEKØYE
ARMOIRE
PUTER
PUTE
SOFA
FUTON
LAMPE
SENG
BOKHYLLE

MADRASS
BENK
LENESTOL
SKRIVEBORD
STOL
SPEIL
TEPPE
GARDINER

4 - Pesca

```
U  F  F  G  B  D  K  Å  K  U  R  V  L  T
Y  T  V  L  Z  O  O  R  P  N  T  M  E  E
U  V  S  F  T  X  K  S  O  J  Å  J  D  A
I  V  S  T  Y  H  K  T  G  K  L  T  N  P
N  L  L  Q  Y  C  N  I  F  U  M  I  I  P
F  D  B  Y  X  R  E  D  H  K  O  U  N  T
L  C  V  A  J  S  C  H  Z  C  D  P  G  J
D  V  L  N  O  U  G  Z  G  S  I  H  A  V
G  J  E  L  L  E  R  Q  Z  S  G  V  G  S
M  N  L  K  K  J  E  V  E  M  H  V  N  T
M  N  V  P  T  R  L  B  Å  T  E  A  A  R
I  N  N  S  J  Ø  B  T  R  F  T  N  K  A
O  T  T  J  X  W  F  I  N  N  E  N  E  N
O  V  E  R  D  R  I  V  E  L  S  E  Y  D
```

VANN	KROK
UTSTYR	INNSJØ
BÅT	KJEVE
GJELLER	HAV
KURV	TÅLMODIGHET
KOKK	VEKT
OVERDRIVELSE	FINNENE
AGN	STRAND
LEDNING	ÅRSTID
ELV	

5 - Aggettivi #1

```
X E M I D M K G S A L A L I
M N U V T K R B J R A B V M
O O N C U N G N E O N S E M
D R P M N D T J N M G O R Q
E M Æ S G I S G E A S L D G
R Y G R T Y N N R T O U I O
N U S W L A N G Ø I M T F Z
E G Q O S I D B S S Y T U A
V I K T I G G R S K K S L K
I D E N T I S K S T O R L T
P E R F E K T B Q O S K W I
M G K U N S T N E R I S K V
E E K S O T I S K N L O X Q
A M B I S I Ø S C U X J P O
```

AMBISIØS
AROMATISK
KUNSTNERISK
ABSOLUTT
AKTIV
ENORM
EKSOTISK
SJENERØS
UNG
STOR

IDENTISK
VIKTIG
LANGSOM
LANG
MODERNE
ÆRLIG
PERFEKT
TUNG
VERDIFULL
TYNN

6 - Geologia

```
S  K  G  M  U  A  R  G  B  P  C  Z  G  L
H  T  V  X  M  I  N  E  R  A  L  E  R  A
U  J  A  A  U  T  W  Y  L  L  U  A  Y  G
L  O  S  L  R  P  F  S  A  W  W  D  T  S
E  R  T  C  A  T  Z  I  V  Z  C  Q  Q  Å
R  D  A  R  K  G  S  R  A  Z  Q  A  N  K
O  S  L  Y  A  Q  M  U  Y  L  C  M  E  Y
S  K  A  S  L  M  U  I  S  A  L  T  Q  I
J  J  K  T  S  K  O  N  T  I  N  E  N  T
O  E  T  A  I  O  P  N  O  T  Z  X  K  S
N  L  I  L  U  R  Y  H  T  W  E  N  Q  T
N  V  T  J  M  A  U  F  J  S  Y  R  E  E
M  T  T  G  D  L  F  O  S  S  I  L  T  I
B  E  C  J  T  L  V  U  L  K  A  N  F  N
```

SYRE	LAVA
PLATÅ	MINERALER
KALSIUM	STEIN
HULE	KVARTS
KONTINENT	SALT
KORALL	STALAGMITTER
CRYSTAL	STALAKTITT
EROSJON	LAG
FOSSILT	JORDSKJELV
GEYSIR	VULKAN

7 - Campeggio

```
Q  J  H  E  N  G  E  K  Ø  Y  E  B  N  Z
K  O  M  P  A  S  S  H  A  I  H  R  Q  H
K  K  P  A  H  M  U  L  H  N  M  A  M  B
S  X  Y  P  W  Y  E  T  A  J  O  N  T  X
C  J  F  J  E  L  L  N  T  S  A  N  Z  S
H  V  S  Z  V  E  E  E  T  A  U  K  B  K
N  Z  N  W  E  H  Y  T  T  E  A  V  T  O
U  C  U  E  N  I  N  S  E  K  T  O  M  G
T  R  Æ  R  T  E  L  T  O  Z  Z  A  Å  I
Z  L  Z  D  Y  R  M  N  A  T  U  R  N  N
K  G  U  F  R  Y  M  O  Z  H  D  Y  E  N
A  F  T  P  K  H  N  E  R  R  G  L  Q  S
R  E  X  N  L  H  S  B  Q  O  W  D  I  J
T  L  P  M  J  R  T  S  L  R  D  H  P  Ø
```

TRÆR	MORO
HENGEKØYE	SKOG
DYR	BRANN
EVENTYR	INSEKT
KOMPASS	INNSJØ
HYTTE	MÅNE
JAKT	KART
KANO	FJELL
HATT	NATUR
TAU	TELT

8 - Arti Visive

```
A Q E F O T O G R A F I K R
P R K R E A T I V I T E T X
P O T S T A F F E L I W C R
E S R I M E S T E R V E R K
N J T T S V O K S P E N V U
N A Y J R T Z F I L M Y U L
L B V E W E Z Z J J N W I L
E L A K K E T R B L Y A N T
I O J G W J M T A S H B Q S
R N P W X S K U L P T U R X
E G O U Q K E R A M I K K D
P E R S P E K T I V L I N D
T S A M M E N S E T N I N G
A R K I T E K T U R T X Z C
```

ARKITEKTUR	FILM
LEIRE	FOTOGRAFI
ARTIST	KRITT
MESTERVERK	BLYANT
KULL	PENN
STAFFELI	PERSPEKTIV
VOKS	PORTRETT
KERAMIKK	SKULPTUR
SAMMENSETNING	SJABLONG
KREATIVITET	LAKK

9 - Esplorazione

```
T  F  L  O  L  U  O  Q  N  J  I  E  P  C
E  V  I  L  L  F  B  S  B  V  R  B  Z  L
R  I  R  R  O  M  S  A  Q  K  P  E  C  Q
R  L  E  M  L  P  W  U  B  T  H  S  M  K
E  A  I  W  O  P  P  D  A  G  E  L  S  E
N  Y  S  S  D  U  I  D  P  T  G  U  X  A
G  K  E  K  U  L  T  U  R  E  R  T  R  K
D  M  B  V  S  H  K  B  J  A  B  T  N  T
F  Y  H  V  Y  S  N  D  X  S  G  S  M  I
F  A  R  E  F  U  L  L  K  G  F  O  O  V
T  G  W  K  U  K  J  E  N  T  A  M  T  I
U  T  M  A  T  T  E  L  S  E  R  H  F  T
S  P  R  Å  K  Y  X  D  W  X  E  E  N  E
Y  E  A  Z  Y  V  E  K  J  H  R  T  G  T
```

DYR	FAREFULL
AKTIVITET	OPPDRAG
MOT	UKJENT
KULTURER	OPPDAGELSE
BESLUTTSOMHET	VILL
UTMATTELSE	ROM
SPRÅK	TERRENG
NY	REISE
FARER	

10 - Tempo

```
F Ø R Y R R M S K R B H V Q
R X L I A N W O I L U K E G
E T T E R D A G R K O M A K
M T Z Å N A T T S G L K D A
T Å S R J X W Q N T E J K L
I P N Å R H U N D R E N Å E
D Y A E M E I M W N T S R N
D T R I D A G H D H M G L D
T T T A T V Å T P Q Q J I E
M I N U T T R K B U D M G R
H J Y M I D D A G S T I D Y
V T U Q Å T I M E R B V R S
Y T T A R H H X J N A L C D
G P H X O P K C L B O B I P
```

ÅR	MIDDAGSTID
ÅRLIG	MINUTT
KALENDER	NATT
TIÅR	I DAG
ETTER	TIME
FREMTID	KLOKKE
DAG	SNART
I GÅR	FØR
MORGEN	ÅRHUNDRE
MÅNED	UKE

11 - Astronomia

```
S  X  G  T  R  R  A  G  Q  X  R  M  T  I
A  U  Z  A  H  K  O  S  M  O  S  E  E  M
S  A  P  P  L  A  N  E  T  F  R  Q  L  X
T  W  X  E  R  A  I  G  U  R  J  U  E  F
R  M  N  N  R  A  X  B  Q  A  O  I  S  Y
O  I  K  M  Å  N  E  Y  B  K  R  N  K  H
N  J  G  S  J  B  O  E  B  E  D  O  O  I
A  M  E  T  E  O  R  V  A  T  L  X  P  M
U  U  N  I  V  E  R  S  A  T  J  M  Q  M
T  T  Y  N  G  D  E  K  R  A  F  T  M  E
O  B  S  E  R  V  A  T  O  R  I  U  M  L
K  O  N  S  T  E  L  L  A  S  J  O  N  Y
A  S  T  E  R  O  I  D  E  P  D  V  U  L
I  L  H  N  S  T  R  Å  L  I  N  G  Y  I
```

ASTEROIDE
ASTRONAUT
ASTRONOM
HIMMEL
KOSMOS
KONSTELLASJON
EQUINOX
GALAXY
TYNGDEKRAFT
MÅNE

METEOR
OBSERVATORIUM
PLANET
STRÅLING
RAKETT
SUPERNOVA
TELESKOP
JORD
UNIVERS

12 - Circo

```
E E Y H Q T V U H L M T M D
L L E M J Z M N X L A E U Y
B H E F A P E D B Y G L S R
S A E F X S U E I P I T I A
Q P L M A G I R L A K I K U
L A E L C N L H L K E L K N
R R D K O S T O E R R S K H
N A T L T N P L T O Q K Q L
R D J O I A G D T B T U H Ø
B E L V G P K E S A R E F V
G R A N E P G U R T I R X E
L T I Y R E G Y L N K A Y Y
S J O N G L Ø R M Æ S N E G
C G C K O S T Y M E R Z N R
```

AKROBAT	MAGIKER
DYR	MUSIKK
BILLETT	BALLONGER
KLOVN	PARADE
KOSTYME	APE
ELEFANT	SPEKTAKULÆR
SJONGLØR	TILSKUER
UNDERHOLDE	TELT
LØVE	TIGER
MAGI	TRIKS

13 - Mitologia

```
H E L T L U A R K E T Y P E
H A Y L R T R K U S O E Z R
R T N P N L W A L K R N S G
J W K R I G E R T A D F S X
L E G E N D E M U P E F Z V
L M I I L W D G R N N J Z S
S A N U D Ø D E L I G H E T
J G B D L H K U B N P B D Y
A I H Y W K N S N G R E W R
L S T E R S K A P E L S E K
U K H R V I M O N S T E R E
S R K D O N N D Ø D E L I G
I Y K A T A S T R O F E Y I
O P P F Ø R S E L A Y P Y T
```

ARKETYPE	SJALUSI
OPPFØRSEL	KRIGER
SKAPNING	UDØDELIGHET
SKAPELSE	LABYRINT
TRO	LEGENDE
KULTUR	MAGISK
KATASTROFE	DØDELIG
HELT	MONSTER
STYRKE	TORDEN
LYN	HEVN

14 - Piante

```
V E G E T A S J O N H A R V
Q V S W T S L D W L F S S T
B D P R U M G R V P A T P A
B A W G W G E K Q T Y W H B
Q J K N G J Ø D S E L I B O
K R O N B L A D K U F V R T
K D K C Æ V J R O A E Ø W A
V A W E R O T L G Q W B Y N
O E K B L O M S T F I B Q I
K F L T F E F B A M B U S K
S U J R U L S L T O Ø S W K
E G R E S S O Q R S N K F Q
L Ø V V E R K R E E N H X I
Y L J A B I Y H A G E U Q A
```

TRE	GJØDSEL
BÆR	BLOMST
BAMBUS	FLORA
BOTANIKK	LØVVERK
KAKTUS	SKOG
BUSK	HAGE
VOKSE	MOSE
EFØY	KRONBLAD
GRESS	ROT
BØNNE	VEGETASJON

15 - Spezie

```
K G B D F G L Ø K A N E L G
K O R I A N D E R M Z E K U
X I G K T D A R L U H F G R
K A R R I T K S M S Ø T P K
K Z D F P L E W R K Z Z B E
U A M Q E C V R O A N I S M
H J R A P P T N F T S L X E
G V F D P A P R I K A L K I
J H I F E N N I K E L A D E
X O E T R M J K S T T K Y P
E L Z E L O O P S A F R A N
C I E R U Ø Y M N O H I X O
P F E K Z B K H M G J S A T
V A N I L J E T E E F L W O
```

HVITLØK   SØT
BITTER   FENNIKEL
ANIS   LAKRIS
KANEL   MUSKAT
KARDEMOMME   PAPRIKA
LØK   PEPPER
KORIANDER   SALT
GURKEMEIE   VANILJE
KARRI   SAFRAN

16 - Numeri

```
Y P L N S M A J L F U R A D
F U S Y T T E N S C T O T N
V D Q T J O B C S E K S T U
I P I Z U M L Q E N S C E L
F E M T E N E V K J I S N L
J T R E T T E N S I E V O P
O D E S I M A L T E C G R Q
R W Z S J U N W E F I R E W
T D S E E V I K N E D K R P
E S Y V O X T K N M S L W R
N T Å T T E T S N D Q P L B
C N R V N S E V S X F O L S
P W I E B B N Q Q D D N D G
M F P E F R B E F D X O P B
```

FEM	FJORTEN
DESIMAL	FIRE
NITTEN	FEMTEN
SYTTEN	SEKSTEN
ATTEN	SEKS
TI	SYV
TOLV	TRE
TO	TRETTEN
NI	TJUE
ÅTTE	NULL

17 - Cioccolato

```
I N G R E D I E N S P S S L
H R K Z K A L O R I E R R B
K O K O S N Ø T T A A S I L
S T K Q O T K S L O N I Ø Z
B M P S T I A U J N Ø W H T
S Q A B I O K K O O T Y L K
K O W K S K A K S D T G U A
V E H O K S O E O E E O A R
A R O M A I C R N I R G B A
L K B C M D O E T L A W I M
I U M D F A V O R I T T T E
T Z D T J N Z P P G A G T L
E T P E W T X R Z F Y J E L
T I L A R T I S A N A L R T
```

BITTER
ANTIOKSIDANT
PEANØTTER
AROMA
ARTISANAL
KAKAO
KALORIER
KARAMELL
DEILIG

SØT
EKSOTISK
SMAK
INGREDIENS
KOKOSNØTT
FAVORITT
KVALITET
SUKKER

18 - Guida

```
S  T  J  T  V  M  U  G  G  Y  T  B  H  G
T  I  D  S  P  O  L  I  T  I  R  I  A  C
F  U  K  F  Q  T  Y  Y  R  V  A  L  S  J
O  G  N  K  Y  O  K  Z  A  L  N  Y  T  B
T  A  A  N  E  R  K  A  F  I  S  V  I  R
G  R  Y  S  E  R  E  Y  I  S  P  R  G  E
J  A  B  V  S  L  H  V  K  E  O  Q  H  N
E  S  F  A  R  E  I  E  K  N  R  B  E  S
N  J  E  E  U  F  P  I  T  S  T  R  T  E
G  E  M  O  T  O  R  S  Y  K  K  E  L  L
E  P  K  X  K  A  R  T  B  K  B  M  O  V
R  H  B  W  H  G  L  Z  U  W  H  S  V  P
N  T  Q  O  C  Z  B  H  S  C  D  E  B  V
M  J  B  M  D  J  C  O  S  I  E  R  B  S
```

BIL	MOTOR
BUSS	FOTGJENGER
BRENSEL	FARE
BREMSER	POLITI
GARASJE	SIKKERHET
GASS	VEI
ULYKKE	TRAFIKK
LISENS	TRANSPORT
KART	TUNNEL
MOTORSYKKEL	HASTIGHET

19 - Sport

```
D S Q O X Q V S T A D I O N
G O P O V A I P S N M S B O
Y Y M I D U N I H O C K E Y
M Y X M L R N L O T W G V P
N S E L E L E L S Y K K E L
A D J W I R R E G O L F G X
S B A T L E T R T M W E P
T J A B A S K E T B A L L T
I I I S D L L T E N N I S K
K U S B E O X E E J G V E S
K P R N P B B A K L C F E G
S R C D S G A M K J P F F N
A J M Y L Z J L T R E N E R
L Q J N D Z X W L D Z R R K
```

TRENER
DOMMER
ATLET
BASEBALL
BASKETBALL
SYKKEL
SPILLER
SPILL

GOLF
HOCKEY
BEVEGELSE
GYMNASTIKKSAL
TEAM
STADION
TENNIS
VINNER

20 - Giocattoli

```
T  K  F  L  L  T  C  J  M  D  S  T  M  A
S  Z  W  E  K  A  D  O  P  U  Y  R  A  D
F  T  G  I  X  R  S  N  O  K  K  O  L  R
C  A  D  R  L  O  S  T  K  K  M  I  A
A  O  V  E  I  B  P  M  E  E  E  M  N  G
P  U  O  O  H  O  I  U  M  B  L  E  G  E
M  B  X  Z  R  T  L  F  N  M  I  R  R  T
B  E  Ø  M  B  I  L  L  B  Å  T  L  J  M
H  G  H  K  J  R  T  Y  N  F  I  J  F  G
S  T  D  L  E  W  O  T  O  Y  C  D  B  M
S  J  A  K  K  R  G  C  R  R  V  A  A  F
F  A  N  T  A  S  I  X  F  F  M  P  L  M
H  Å  N  D  V  E  R  K  O  E  U  Y  L  D
P  U  S  L  E  S  P  I  L  L  M  P  Q  L
```

FLY
DRAGE
LEIRE
HÅNDVERK
BIL
DUKKE
BÅT
TROMMER
SYKKEL
LASTEBIL

SPILL
FANTASI
BØKER
BALL
FAVORITT
PUSLESPILL
ROBOT
SJAKK
TOG
MALING

21 - Strumenti di Cottura

```
S A K S O H V K J E L E P O
B K U E M L O J Y O R A Q J
A L J E Y Z D Ø R S L A G G
J A G E U P B L S I L U D B
D U M G A F F E L L O K K L
B A I A I C P S S Y T Q T E
I S O C S J R K B T R O V N
S T E K E S P A D E I M I D
K T A O R R T P U K V K I E
T E R M O M E T E R J X K R
Z N A F O U N K J O E M K U
D W Z Y J I O G O H R L N M
L H N R H E B F Z G N E I V
B R Ø D R I S T E R X I V H
```

KJELE	KJØLESKAP
DØRSLAG	BLENDER
KNIV	RIVJERN
LOKK	BESTIKK
SKJE	STEKESPADE
SIL	JUICER
SAKS	KOMFYR
GAFFEL	TERMOMETER
OVN	BRØDRISTER

22 - Uccelli

```
T  V  D  G  C  N  S  P  U  R  V  Y  K  P
E  O  K  U  X  R  V  H  E  G  R  E  Y  A
G  S  U  O  E  K  A  L  Z  Y  V  A  L  P
G  H  B  C  O  A  N  E  X  G  O  N  L  E
Ø  G  R  I  A  P  E  L  I  K  A  N  I  G
R  L  T  Z  I  N  N  S  T  O  R  K  N  Ø
N  F  L  A  M  I  N  G  O  U  I  F  G  Y
E  Z  A  L  S  I  A  S  V  I  L  N  F  E
G  J  Ø  K  T  P  I  N  G  V  I  N  G  Z
Y  I  T  A  R  Å  S  A  D  T  T  M  Å  A
S  A  G  F  U  F  U  H  A  U  K  M  S  J
H  U  X  Q  T  U  J  C  W  K  H  Å  K  F
H  A  J  U  S  G  P  U  R  L  A  K  S  T
N  T  B  K  P  L  E  G  A  E  D  E  Y  G
```

HEGRE	PAPEGØYE
AND	SPURV
ØRN	PÅFUGL
STORK	PELIKAN
SVANEN	DUE
GJØK	PINGVIN
HAUK	KYLLING
FLAMINGO	STRUTS
MÅKE	TOUCAN
GÅS	EGG

23 - Giorni e Mesi

```
M  A  N  D  A  G  Q  A  C  A  S  L  M  P
B  A  T  F  N  K  E  Å  M  S  E  S  F  M
O  N  O  N  S  D  A  G  R  F  P  I  E  Å
V  K  K  A  L  E  N  D  E  R  T  Z  B  N
W  J  T  I  R  S  D  A  G  E  E  L  R  E
E  N  O  V  E  M  B  E  R  D  M  P  U  D
Z  F  B  P  Z  A  J  C  O  A  B  K  A  E
S  T  E  N  M  O  P  H  V  G  E  S  R  S
A  J  R  V  W  U  E  R  I  L  R  Ø  H  E
I  U  K  E  S  L  P  M  I  J  T  N  M  M
E  N  G  J  A  N  U  A  R  L  A  D  T  B
W  I  O  U  L  Ø  R  D  A  G  R  A  J  E
B  S  J  L  S  H  C  W  H  P  K  G  R  R
O  X  J  I  W  T  K  R  K  O  H  R  U  P
```

AUGUST	MANDAG
ÅR	TIRSDAG
APRIL	ONSDAG
KALENDER	MÅNED
DESEMBER	NOVEMBER
SØNDAG	OKTOBER
FEBRUAR	LØRDAG
JANUAR	SEPTEMBER
JUNI	UKE
JULI	FREDAG

24 - Casa

```
M  K  K  D  U  S  J  Y  D  C  K  S  U  S
L  S  I  R  A  Z  P  Y  D  Ø  R  O  M  U
B  I  B  L  I  O  T  E  K  H  A  G  E  L
P  T  A  K  G  V  A  X  I  C  N  J  X  O
V  E  F  D  U  E  F  H  Z  L  T  E  Z  F
D  V  I  N  L  G  D  K  K  J  P  R  R  T
T  C  E  S  V  G  O  B  J  Z  I  D  K  P
E  V  L  K  T  E  P  P  E  Ø  I  E  O  A
B  I  H  E  X  O  I  H  D  E  K  K  S  P
R  N  Ø  K  L  E  R  Y  A  H  V  K  T  L
G  D  C  F  A  G  G  A  R  A  S  J  E  L
U  U  B  S  M  C  C  H  E  G  Q  Q  W  N
Z  Q  B  V  P  F  N  L  Y  X  Q  E  X  C
Y  X  B  V  E  F  C  Y  D  F  A  O  S  N
```

LOFT	LAMPE
BIBLIOTEK	VEGG
ROM	GULV
PEIS	DØR
NØKLER	GJERDE
KJØKKEN	KRAN
DUSJ	KOST
VINDU	SPEIL
GARASJE	TEPPE
HAGE	TAK

25 - Ristorante #1

```
K A S S E R E R D O S M P C
A J I N G R E D I E N S E R
F R Ø Y W K V J E W V S R R
F M M T Z N K J E S A U S W
E F X H T I F C A X S H S T
R E S E R V A S J O N E K T
T Q E D H T F M O M F K R U
R R I A C I N E W T A A Y T
P O K Y L L I N G Z N T D B
A L L E R G I Y Q B V J R O
T O B T A L L E R K E N E L
S E R V I T Ø R E Q K R T L
K J Ø K K E N S C J Y Q R E
K F D S E R V I E T T X Y R
```

ALLERGI
KAFFE
SERVITØR
KJØTT
KASSERER
MAT
BOLLE
KNIV
KJØKKEN
DESSERT

INGREDIENSER
MENY
BRØD
TALLERKEN
KRYDRET
KYLLING
RESERVASJON
SAUS
SERVIETT

26 - Fantascienza

```
L B R A N N F I O K R J F T
S U O E K S P L O S J O N E
Q Y B U A E P M Y S T I S K
B Ø K E R L K L U T O P I N
K I N O O G I S A T O M N O
D L N B B A N S T N P C N L
Y L H X O L W V T R E A B O
S U R Z T A C Y T I E T I G
T S G Q E X F X M S S M L I
O J H L R Y R Q R A F K T N
P O F A N T A S T I S K N C
I N F U T U R I S T I S K U
P E K V E R D E N Y R I G N
O R A K E L O F W O F D S U
```

ATOM
KINO
DYSTOPI
EKSPLOSJON
EKSTREM
FANTASTISK
BRANN
FUTURISTISK
GALAXY
ILLUSJON

INNBILT
BØKER
MYSTISK
VERDEN
ORAKEL
PLANET
REALISTISK
ROBOTER
TEKNOLOGI
UTOPI

27 - Città

```
O K M N D R J H S T N G F K
T W U U A N S K T U G A Z S
F I L B S E E A A X Q L G H
U P M X L E R C D U I L L L
A P O T E K U K I N X E G O
W Z V Y A H Z M O I T R B V
H O T E L L R E N V X I U K
S U P E R M A R K E D S T L
B U F B A K E R I R M K I I
C A T H O T B L N S A O K N
C R N U R Z E L O I R L K I
H C P K Z S E R C T K E W K
B O K H A N D E L E E E C K
B I B L I O T E K T D Y K Y
```

BANK
BIBLIOTEK
KINO
KLINIKK
APOTEK
GALLERI
HOTELL
BOKHANDEL
MARKED

MUSEUM
BUTIKK
BAKERI
SKOLE
STADION
SUPERMARKED
TEATER
UNIVERSITET

28 - Virtù #1

```
S E X B P R A K T I S K W U
L I D E N S K A P E L I G A
K S M S P N U N I E S E O V
L J O K A Y N Y N O J V D H
O E R J S S T T A A I G E
K N S E I G T T E V R U M N
E E O D E J N I L G M S Y G
V R M E N E E G L J E B K I
K Ø E N T R R F I Ø R W M G
T S W N J R I J G R E G Q V
L P A T G I S E E E N W E A
R M D Y F G K F N N D F B J
E F F E K T I V T D E K T Y
P Å L I T E L I G E E X C V
```

SJARMERENDE
PÅLITELIG
LIDENSKAPELIG
KUNSTNERISK
GOD
NYSGJERRIG
AVGJØRENDE
MORSOM
EFFEKTIV

SJENERØS
UAVHENGIG
INTELLIGENT
BESKJEDEN
PASIENT
PRAKTISK
REN
KLOK
NYTTIG

29 - Compleanno

```
K A L E N D E R K A K E E I
S A N G Z N C K O G L A D D
I T D V I U V I R F D Q T I
P I A C Q F N C T L M O R O
H R G A V E E G I L I A V Y
V I S D O M F Ø D T N X N C
S F A N F S L J R B N P U E
R P E T G R G L E D E L I G
Q Å E N C V E N N E R Y N S
B O R S F E I R I N G S U F
P I N V I T A S J O N E R H
K A M M U E P X Q O D U D R
G Z X X M W L W D L U Z D I
X K P B Q Z M L M N L A H H
```

VENNER	DAG
ÅR	UNG
KALENDER	INVITASJONER
LYS	FØDT
SANG	GAVE
KORT	MINNER
FEIRING	VISDOM
MORO	SPESIELL
GLAD	TID
GLEDELIG	KAKE

30 - Fattoria #1

```
H O N N I N G R Q J R X P L
U Ø H W L P R I Z O W O Q T
N J Y F M W I S K Q O Q V F
D Z A T F G S A O H G B I E
L E S E L J U F T M J I X L
V A N N O E W T F R Ø K F T
U M N F K R K U D J D K A H
T E L D K D A Y Z F S O W K
F O G L B E T G L G E I T W
X Y E I Q R T R O L L V J H
C G M S I P U N Q W I F X D
H E S T Q J W K A L V N G M
T P M O G E J G J P B E G F
U X G I O E G G Z C P D B J
```

VANN	KATT
LANDBRUK	FLOKK
BIE	GRIS
ESEL	HONNING
FELT	KU
HUND	KYLLING
GEIT	GJERDE
HEST	RIS
GJØDSEL	FRØ
HØY	KALV

31 - Paesaggi

```
I  O  I  G  K  D  V  L  T  G  R  G  Z  Z
A  N  A  J  S  A  N  D  D  Y  N  E  N  E
E  S  N  S  W  L  C  T  Å  S  T  Y  P  H
I  L  S  S  E  J  U  U  S  D  Y  S  P  A
X  Z  V  T  J  N  F  N  F  A  I  I  P  L
F  N  Ø  R  E  Ø  U  D  I  S  B  R  E  V
F  L  Y  A  A  M  N  R  S  Z  H  A  V  Ø
H  E  J  N  C  O  L  A  F  N  G  A  F  Y
K  X  Q  D  S  U  M  P  J  N  X  C  O  Q
O  I  A  F  J  E  L  L  E  Y  P  X  S  Q
H  W  F  A  J  D  V  U  L  K  A  N  S  O
H  U  L  E  T  C  R  Y  L  K  F  D  B  C
U  C  E  W  T  G  O  A  P  H  O  X  X  C
D  F  S  Ø  R  K  E  N  N  P  C  I  F  S
```

FOSS	INNSJØ
ÅS	HAV
ØRKEN	FJELL
SANDDYNENE	OASE
ELV	SUMP
GEYSIR	HALVØY
ISBRE	STRAND
HULE	TUNDRA
ISFJELL	DAL
ØY	VULKAN

32 - Ristorante #2

```
F  M  S  U  P  P  E  W  S  H  K  V  G  B
O  I  S  L  O  F  G  D  D  V  A  N  N  P
R  D  S  K  J  E  R  H  F  I  K  K  L  H
R  D  A  K  Y  G  Z  U  L  G  E  C  U  O
E  A  L  P  S  G  R  G  K  L  O  S  N  Q
T  G  A  K  E  L  N  E  R  T  H  T  S  L
T  A  T  F  C  K  G  L  T  U  G  M  J  U
T  F  G  R  Ø  N  N  S  A  K  E  R  J  H
X  F  V  P  K  Y  K  R  Y  D  D  E  R  A
T  E  D  E  I  L  I  G  K  R  O  Q  I  F
W  L  M  S  A  A  Y  L  A  I  E  Q  W  X
W  K  E  T  A  Q  X  W  W  K  Z  C  J  Z
H  R  N  O  D  L  K  H  W  K  F  Q  G  X
J  B  J  L  O  G  T  H  T  T  S  L  X  M
```

VANN	SALAT
FORRETT	SUPPE
DRIKK	FISK
KELNER	LUNSJ
MIDDAG	SALT
SKJE	STOL
DEILIG	KRYDDER
GAFFEL	KAKE
FRUKT	EGG
IS	GRØNNSAKER

33 - Giardino

```
J O R D B H X J W I B P P T
B H X F Y E J I V R U L W R
L R Q R W N N E I X S E P A
O T A U W G W K N H K N W M
M G J K U E B P T K D G P P
S M C T E K G A R A S J E O
T J I H G Ø H K E Z T L T L
S J V A H Y C O E B P W P I
L C H G Z E B U T Z N V G N
A G J E R D E G G L V Y R E
N S P A D E M R T H A G E N
G D A M Y V T E R R A S S E
E U T Y Y R C S I X E N S N
E C P H W B U S S K T Y M I
```

TRE	BENK
HENGEKØYE	PLEN
BUSK	RAKE
GRESS	GJERDE
UGRESS	DAM
BLOMST	JORD
FRUKTHAGE	TERRASSE
GARASJE	TRAMPOLINE
HAGE	SLANGE
SPADE	VINTREET

34 - Frutta

```
O A M T H L P A Z B I K P F
Z R N A I B Æ V O R N I A Q
F W A A N W R O L I E R P F
Q G B N N G E K W N K S A E
K I W I S A O A S G T E Y R
S U P A Y J S D I E A B A S
P P L O M M E O T B R Æ D K
B J Ø R N E B Æ R Æ I R R E
A M H P T L Æ M O R N X U N
N H P B O O R E N D W T E W
A Z N X P N A P R I K O S I
N T M W M H Y L D Z S Q D J
R Y L Q T F A E G Y G C P C
T Q M B A E Y W X U A M E Q
```

APRIKOS
ANANAS
ORANSJE
AVOKADO
BÆR
BANAN
KIRSEBÆR
KIWI
BRINGEBÆR
SITRON

MANGO
EPLE
MELON
BJØRNEBÆR
NEKTARIN
PAPAYA
PÆRE
FERSKEN
PLOMME
DRUE

35 - Fattoria #2

```
V A N N I N G L H K R Z T H
S B J C A A B A W Y H M M T
W I V G R U J M K E R H L H
I K S C G T V A A G M D Y R
H U G H F V L X S L Å V E F
V B E Z R F H D R G F I T R
E E K K U E M B Y G G X R U
T S L M K N O B N U L Y A K
E T M A T G D B O B U F K T
S J H N M X E S W N B H T H
W J S D E S N A I L D W O A
I A O W I P K U M H T E R G
M E L K O R N X B Y N D E E
Q R P A O K S G Z L T C P P
```

LAM	VANNING
BONDE	LAMA
BIKUBE	MELK
AND	KORN
DYR	MODEN
MAT	BYGG
LÅVE	HYRDE
FRUKT	SAU
FRUKTHAGE	ENG
HVETE	TRAKTOR

36 - Dinosauri

```
P  B  F  O  R  H  I  S  T  O  R  I  S  K
W  Y  A  W  M  A  M  M  U  T  N  X  U  F
O  T  W  A  V  L  H  R  E  R  N  A  O  O
F  T  T  W  R  E  P  T  I  L  W  O  M  S
K  E  K  J  Ø  T  T  E  T  E  R  E  N  S
R  O  H  P  J  K  O  C  X  Y  H  V  I  I
A  Y  E  P  R  T  C  Y  G  U  Z  O  V  L
F  O  R  S  V  I  N  N  I  N  G  L  O  E
T  L  B  R  S  I  E  G  O  Z  H  U  R  R
I  B  I  A  Q  T  N  Z  N  D  H  S  E  T
G  C  V  P  Q  J  O  G  D  F  B  J  F  U
L  L  O  T  E  O  R  R  E  X  B  O  B  Q
Q  D  R  O  P  R  M  V  A  R  T  N  V  S
L  Y  E  R  V  D  P  F  U  E  B  Z  T  V
```

VINGER	KRAFTIG
KJØTTETER	BYTTE
HALE	FORHISTORISK
ENORM	RAPTOR
HERBIVORE	REPTIL
EVOLUSJON	FORSVINNING
FOSSILER	ART
STOR	JORD
MAMMUT	OND
OMNIVORE	

37 - Verdure

```
A I N G E F Æ R Z T D D E Z
W G R E S S K A R R F T M O
G S U U A Y J A T L S C P W
H P H R P S G S E L L E R I
X I V E K A U B E R G I N E
B N I D L L L D Z O T X W S
R A T D Ø A R T I S J O K K
O T L I K T O N F C T D E H
K T Ø K N B T O P S I K N H
K O K R E E P Z Y O S O P P
O M F J P R O J S A T Q K R
L A H X E A T G U Q N E R S
I T P E R S I L L E B D T Q
V X D S J A L O T T L Ø K U
```

HVITLØK	ERT
BROKKOLI	TOMAT
ARTISJOKK	PERSILLE
GULROT	NEPE
AGURK	REDDIK
LØK	SJALOTTLØK
SOPP	SELLERI
SALAT	SPINAT
AUBERGINE	INGEFÆR
POTET	GRESSKAR

38 - Scuola #2

```
R Y G G S E K K R P E V T X
G M V A L I T T E R A T U R
R U I K X K S W D O M P X T
A X T A D O U D X M I R I Y
M K E D K I P B L Y A N T R
M W N E A Y I I O R D B O K
A T S M L N L B Ø K E R D P
T S K I E I N L Æ R E R J S
I W A S N V X I M A T T E F
K O P K D S P O N B U S S C
K X J Y E J A T X G S P O I
S A K S R K O E C Q I K F K
D A T A M A S K I N O Q O G
T S P I L L E S I N G J S S
```

AKADEMISK
BUSS
BIBLIOTEK
KALENDER
PAPIR
DATAMASKIN
ORDBOK
UTDANNING
SAKS
SPILL

GRAMMATIKK
LÆRER
LITTERATUR
LESING
BØKER
MATTE
BLYANT
SKO
VITENSKAP
RYGGSEKK

39 - Barbecue

```
G P N R J I V I O R A M C S
N S M F R F A M I L I E X A
T L S U L K R F K U O J Q U
O F V S O M M E R N L Ø K S
M A I A M A T S J S I V Q U
A M M L K I Z J U J J V A H
T U H T O L D M X L K S E F
E S P I L L L D Y H T T G R
R I T P J C J O A W M D R U
D K Y L L I N G R G Q H I K
T K I N V I T A S J O N L T
S A L A T E R H J A S H L T
Q D M I P Z R X P E P P E R
Y A D V L B K D Z A C C J H
```

VARMT
MIDDAG
MAT
LØK
KNIVER
SOMMER
SULT
FAMILIE
FRUKT
SPILL

GRILLE
SALATER
INVITASJON
MUSIKK
PEPPER
KYLLING
TOMATER
LUNSJ
SALT
SAUS

40 - Riempire

```
U K A R T O N G U B Z Z V M
P O S E L O M M E B H Q T A
A N F L A S K E Z X Ø X H P
K V A S E K K A S S E T D P
K O T S G U B O N H V G T E
E L Z H H F A R F A O C Y E
N U B W U F S M S F R Z G U
E T E S K E S C Q B E Ø V F
J T R L I J E J H K B R R K
B R E T T J N X B U M C T C
X E Z B H G G Z V R L Z S I
L V C M U J Q B W V G F R A
X W Z Z N Q B V D M A Z A B
V Q M A E C L Y H J D V X G
```

BASSENG	KURV
FAT	PAKKE
POSE	ESKE
FLASKE	BØTTE
KONVOLUTT	LOMME
MAPPE	RØR
KARTONG	KOFFERT
KASSE	VASE
SKUFF	BRETT

41 - Insetti

```
V F Ø L A A T N I J U K P Y
B K Y O G R E S S H O P P E
L A E P S A R K Y Z G R F F
A K N P O J M Y G G P Z M R
D E S E M R I B I L L E A K
L R T E M H T I B A A Y R U
U L I O E Y T E E R I O I X
S A K R R M R L T V N Z H Z
V K K E F J A R L E Q Y Ø B
E K E I U Y B N I A O V N Z
P M R J G X H J T X M M E F
S W Ø J L X I A C I C A D A
W I Z L B W W H E C S U J Q
Y V V L L X V T I W U R H L
```

BLADLUS
BIE
GRESSHOPPE
CICADA
MARIHØNE
BILLE
MØLL
SOMMERFUGL
MAUR

LARVE
ØYENSTIKKER
MANTIS
LOPPE
KAKERLAKK
TERMITT
ORM
VEPS
MYGG

42 - Erboristeria

```
K S N B A S I L I K U M V F
T K U L I N A R I S K K N E
R I K V A L I T E T B P E N
V M M Y N T E R L U H E V N
B D Q I G R Ø N N C V R H I
H A G E A R O M A T I S K K
F K F S A N L K C Y T I B E
S A F R A N T A V Q L L L L
M A R J O R A M V V Ø L O R
F N O R E G A N O E K E M V
I N G R E D I E N S N Y S M
J B A G S I D P F P K D T D
H J S S W L R A W J V W E I
L S K P T L W A N A Q E T L
```

HVITLØK
DILL
AROMATISK
BASILIKUM
KULINARISK
FENNIKEL
BLOMST
HAGE
INGREDIENS

LAVENDEL
MARJORAM
MYNTE
OREGANO
PERSILLE
KVALITET
TIMIAN
GRØNN
SAFRAN

43 - Danza

```
A  G  L  E  D  E  L  I  G  P  K  U  K  T
K  O  R  E  O  G  R  A  F  I  U  T  R  R
A  R  D  K  K  U  L  T  U  R  L  T  O  A
D  H  Y  M  L  J  E  B  B  T  T  R  P  D
E  K  O  T  H  A  Y  B  C  X  U  Y  P  I
M  H  U  R  M  O  S  B  Ø  C  R  K  B  S
I  O  M  N  U  E  V  S  V  U  E  K  E  J
V  L  F  Å  S  F  H  S  I  J  L  S  V  O
I  D  D  D  I  T  Y  A  N  S  L  F  E  N
S  N  B  E  K  R  A  M  G  Z  K  U  G  E
U  I  Y  Q  K  R  A  B  X  I  Z  L  E  L
E  N  W  I  C  C  H  O  P  P  E  L  L  L
L  G  B  N  F  Ø  L  E  L  S  E  L  S  O
L  S  Q  L  C  P  O  R  E  W  F  X  E  X
```

AKADEMI
KUNST
KLASSISK
SAMBOER
KOREOGRAFI
KROPP
KULTUR
KULTURELL
FØLELSE
UTTRYKKSFULL

GLEDELIG
NÅDE
BEVEGELSE
MUSIKK
HOLDNING
ØVING
RYTME
HOPPE
TRADISJONELL
VISUELL

44 - Scuola #1

```
A Q F B K S J P B M A T T E
I L L Æ R E R X I O A W X X
Q W F M B L O Z B R Z F Q X
W S V A R E P S L O K F G W
F T S P B W W K I U C U I Q
W O N P P E Y R O K N L L Q
M L Y E E O T I T L N S K T
J O C R N A P V E A D W J B
B L Y A N T A E K S A M E N
O Y C U E P B O S X R R X
B Ø K E R Z I O V E N N E R
L C S J O S R R T R Z C A O
N L B D P E Q D M O W R C K
G A U L T Z O R Q M X U U Y
```

ALFABET
VENNER
KLASSEROM
BIBLIOTEK
PAPIR
MAPPER
MORO
EKSAMEN
LÆRER

BØKER
MATTE
BLYANT
PENNER
LUNSJ
SVAR
SKRIVEBORD
STOL

45 - Fiori

```
L  I  L  L  A  L  H  T  U  L  I  P  A  N
P  E  O  N  R  H  I  I  L  P  Q  R  I  F
Å  V  O  U  A  R  L  L  B  U  K  E  T  T
S  O  L  S  I  K  K  E  J  I  C  O  A  V
K  J  D  O  Z  P  K  K  Q  E  S  R  K  M
E  M  A  G  N  O  L  I  A  K  P  K  V  T
L  S  V  G  E  C  Ø  U  O  J  B  I  U  U
I  J  A  Y  B  V  V  B  M  T  Y  D  U  S
L  A  L  B  J  M  E  F  C  E  G  É  L  E
J  S  M  N  K  N  R  E  L  A  R  X  G  N
E  M  U  L  A  V  E  N  D  E  L  I  L  F
S  I  E  R  O  S  E  A  Y  I  W  V  A  R
Z  N  G  A  R  D  E  N  I  A  R  A  C  Y
U  K  R  O  N  B  L  A  D  Y  S  Y  D  D
```

GARDENIA	PÅSKELILJE
SJASMIN	ORKIDÉ
LILJE	VALMUE
SOLSIKKE	PEON
HIBISKUS	KRONBLAD
LAVENDEL	PLUMERIA
LILLA	ROSE
MAGNOLIA	KLØVER
TUSENFRYD	TULIPAN
BUKETT	

46 - Ecologia

```
S  G  N  S  Y  M  G  P  A  K  V  O  V  M
K  B  L  N  I  X  A  D  R  Y  P  V  H  A
M  Æ  D  O  D  N  V  F  T  W  L  E  C  N
T  R  H  A  B  I  T  A  T  Q  R  R  F  G
S  E  V  X  D  A  P  U  F  J  E  L  L  F
A  K  G  E  Q  K  L  N  O  G  S  E  O  O
M  R  T  T  G  X  A  A  L  T  S  V  R  L
F  A  Ø  K  O  E  N  G  E  D  U  E  A  D
U  F  R  L  J  F  T  U  M  Y  R  L  A  S
N  T  K  I  M  V  E  A  R  X  S  S  T  V
N  I  E  M  N  K  R  W  S  G  E  E  Q  B
V  G  C  A  V  E  M  B  B  J  R  D  T  E
N  A  T  U  R  L  I  G  F  G  O  Z  B  N
N  A  T  U  R  S  I  M  Q  N  G  N  X  E
```

KLIMA	NATURLIG
SAMFUNN	MYR
MANGFOLD	PLANTER
FAUNA	RESSURSER
FLORA	TØRKE
GLOBAL	OVERLEVELSE
HABITAT	BÆREKRAFTIG
MARINE	ART
FJELL	VEGETASJON
NATUR	

47 - Discipline Scientifiche

```
F  C  A  P  J  S  B  I  O  L  O  G  I  C
Y  Q  S  F  O  B  O  Ø  K  O  L  O  G  I
S  H  I  Q  K  B  J  S  B  W  X  F  Q  K
I  P  M  L  I  N  G  V  I  S  T  I  K  K
O  M  S  U  F  P  E  L  O  O  O  U  B  G
L  B  M  Y  Q  M  L  C  K  N  L  E  W  F
O  V  E  U  K  K  G  S  J  C  K  O  U  P
G  B  K  W  N  O  L  I  E  W  T  B  G  Z
I  C  A  O  R  O  L  K  M  E  Q  Y  A  I
C  J  N  C  S  R  L  O  I  K  J  E  M  I
R  G  I  J  X  W  B  O  G  W  Q  E  P  C
H  P  K  K  U  K  M  B  G  I  J  F  B  W
A  R  K  E  O  L  O  G  I  I  B  U  Z  N
G  E  O  L  O  G  I  A  N  A  T  O  M  I
```

ANATOMI	GEOLOGI
ARKEOLOGI	IMMUNOLOGI
BIOKJEMI	LINGVISTIKK
BIOLOGI	MEKANIKK
KJEMI	PSYKOLOGI
ØKOLOGI	SOSIOLOGI
FYSIOLOGI	

48 - Scienza

```
S A M I N E R A L E R P O O
L A B O R A T O R I U M B R
W M G Z O Z T J V R K Q S G
M G N E V O L U S J O N E A
E T Y N G D E K R A F T R N
T M O L E K Y L E R A D V I
O S A F O S S I L T T A A S
D I R I J U L M W Z O T S M
E F Y P H M X A O B M A J E
X I Y H Y P O T E S E E O R
N E K S P E R I M E N T N I
P A R T I K L E R O O L U L
C H E F R K J E M I S K S I
F A K T U M K F O R S K E R
```

ATOM	HYPOTESE
KJEMISK	LABORATORIUM
KLIMA	METODE
DATA	MINERALER
EKSPERIMENT	MOLEKYLER
EVOLUSJON	NATUR
FAKTUM	ORGANISME
FYSIKK	OBSERVASJON
FOSSILT	PARTIKLER
TYNGDEKRAFT	FORSKER

49 - Acqua

```
F M X O B G G I N N S J Ø F
F U S D G P E V D Z M Z Y L
B Q K R I T Y C A K R L Y O
Y A H T S G S D M N D Y Q M
N P L Q I M I H P F N X A K
G T S N Ø G R F Q J Z I T R
F U K T I G H E T U F B N T
V R B T Q B Z V K W F H F G
Z P O K H F R O S T Z N N Q
F O R D A M P N I N G E C E
A A K U V N D E Z C S P K L
J E A S V C A I E E E F Z V
Z Y N J A B Ø L G E R E G N
M O N S U N G D I M Y L I T
```

FLOM
KANAL
DUSJ
FORDAMPNING
ELV
FROST
GEYSIR
IS
VANNING
INNSJØ

MONSUN
SNØ
HAV
BØLGER
REGN
FUKTIGHET
FUKTIG
ORKAN
DAMP

50 - Gatti

```
H  S  K  S  G  K  J  Æ  R  L  I  G  N  W
N  R  K  E  Y  A  U  A  A  Z  L  R  Y  Q
O  E  I  R  H  A  L  M  R  X  C  P  S  K
P  E  R  S  O  N  L  I  G  H  E  T  G  L
J  E  G  E  R  A  M  P  A  Z  U  D  J  E
Z  T  V  C  N  E  O  O  R  Q  A  I  E  K
M  D  A  W  N  L  R  T  N  U  V  W  R  E
M  U  I  S  Q  K  S  E  C  W  H  V  R  N
C  W  S  Ø  V  N  O  H  A  L  E  I  I  S
J  I  T  I  T  W  M  V  Q  E  N  L  G  T
P  E  L  S  J  E  N  E  R  T  G  L  X  U
N  T  B  Y  T  F  R  D  L  L  I  B  X  Z
E  D  I  Q  M  K  L  O  Z  Q  G  V  O  F
K  J  A  R  A  J  H  G  L  T  D  U  H  E
```

KJÆRLIG
KLO
JEGER
HALE
NYSGJERRIG
MORSOM
SØVN
GARN
LEKEN

UAVHENGIG
GAL
PELS
PERSONLIGHET
VILL
SJENERT
MUS
POTE

51 - Surf

```
Z  B  P  T  M  O  R  O  R  M  N  F  P  Z
M  U  H  A  V  T  R  J  Z  B  Y  O  O  V
V  E  N  V  D  I  K  R  L  L  B  L  P  T
V  B  S  A  N  L  B  Ø  L  G  E  K  U  H
R  A  T  T  W  R  E  V  V  B  G  E  L  H
F  Y  I  L  E  V  Æ  R  I  R  Y  M  Æ  A
P  V  L  E  Q  R  F  S  F  S  N  E  R  S
E  K  S  T  R  E  M  T  Z  A  N  N  U  T
K  R  I  K  S  T  Y  R  K  E  E  G  X  I
U  K  J  N  U  C  M  A  G  E  R  D  B  G
M  Q  H  G  K  M  Y  N  D  O  T  E  C  H
I  N  Y  K  O  A  W  D  M  R  Q  R  K  E
B  K  R  L  Z  P  D  C  X  G  M  N  I  T
Y  F  Y  U  Y  J  T  Y  Q  J  F  O  F  T
```

ATLET	PADLE
MESTER	POPULÆR
MORO	NYBEGYNNER
EKSTREM	SKUM
FOLKEMENGDER	REV
STYRKE	STRAND
VÆR	STIL
HAV	MAGE
BØLGE	HASTIGHET

52 - Imbarcazioni

```
W  C  I  J  U  O  M  A  N  N  S  K  A  P
M  I  B  N  T  K  A  N  O  E  A  P  T  Q
J  P  N  F  N  R  S  K  B  S  L  N  I  Q
W  V  J  L  B  S  T  E  Ø  J  M  V  D  S
Y  M  A  Å  Q  S  J  R  L  Ø  O  F  E  E
N  A  U  T  I  S  K  Ø  G  M  T  E  V  I
M  R  C  E  H  M  A  D  E  A  O  R  A  L
R  I  C  H  A  V  J  E  R  N  R  J  N  B
E  T  A  U  T  Q  A  F  T  N  G  E  N  Å
K  I  S  T  W  R  K  F  V  Q  F  E  H  T
S  M  Q  I  F  N  K  G  B  B  P  C  X  V
G  Y  Q  I  B  J  T  B  Ø  X  U  C  K  P
M  X  E  P  K  Q  A  Z  Y  K  W  O  B  M
B  Y  J  E  C  Q  H  Q  E  I  C  I  P  X
```

MAST	HAV
ANKER	TIDEVANN
SEILBÅT	SJØMANN
BØYE	MARITIM
KANO	MOTOR
TAU	NAUTISK
MANNSKAP	BØLGER
ELV	FERJE
KAJAKK	YACHT
INNSJØ	FLÅTE

53 - Api

```
D H A G E U K M V K S Y P Q
R Z A S O L X H S I J Z O I
O D P B L F H R V Y N I L X
N I B T I P S N E C S G L Y
N A E C M T G N R Ø Y K E P
I A V X H E A I M W M J N R
N V P P F M W T B C G Y M B
G B L O M S T R E G Z L A L
Z I A C M H O F R U K T N O
N K N B U O H O N N I N G M
Q U T S C V X M C S H M F S
Z B E B E O O W B T J S O T
G E R K L K M A T I C Y L E
Ø K O S Y S T E M G N Z D R
```

VINGER
BIKUBE
GUNSTIG
VOKS
MAT
MANGFOLD
ØKOSYSTEM
BLOMSTER
BLOMSTRE
FRUKT

RØYK
HAGE
HABITAT
INSEKT
HONNING
PLANTER
POLLEN
DRONNING
SVERM
SOL

54 - Conservazione

```
N  Ø  V  I  D  U  H  J  O  K  H  R  M  N
A  K  F  O  R  U  R  E  N  S  I  N  G  F
T  O  L  U  G  J  S  N  L  D  Z  X  B  V
U  S  Y  I  J  Q  Y  D  B  S  M  U  U  U
R  Y  I  F  M  V  K  R  E  S  E  F  D  R
L  S  O  L  P  A  L  I  K  V  Y  T  K  E
I  T  N  L  P  N  U  N  Y  T  X  A  W  D
G  E  C  Y  L  N  S  G  M  I  L  J  Ø  U
X  M  F  W  N  D  Y  E  R  G  M  C  W  S
H  A  B  I  T  A  T  R  I  Ø  K  W  X  E
Q  X  O  U  T  D  A  N  N  I  N  G  Q  R
O  R  G  A  N  I  S  K  G  X  T  N  T  E
B  Æ  R  E  K  R  A  F  T  I  G  L  B  Q
R  E  S  I  R  K  U  L  E  R  E  Q  P  D
```

VANN	NATURLIG
MILJØ	ORGANISK
ENDRINGER	BEKYMRING
SYKLUS	RESIRKULERE
KLIMA	REDUSERE
ØKOSYSTEM	HELSE
UTDANNING	BÆREKRAFTIG
HABITAT	GRØNN
FORURENSING	

55 - Strumenti Musicali

```
T R O M B O N E J Q L Z P I
D L U L K P O X F S O Y S N
S L A Z L E I B A A W Z D N
U G I T A R T A M B U R I N
G O N G R K H N N K M F P Y
L C E H I U A J A O F F V C
O E Y O N S R O I P I U I I
B L W G E J P R T R O M M E
O L K N T O E P U F L A F Q
Y O F W T N G F I A I R L Q
M A N D O L I N B G N I Ø N
M U N N S P I L L O I M Y F
T R O M P E T J Z T D B T N
S A K S O F O N D T J A E G
```

MUNNSPILL	OBO
HARPE	PERKUSJON
BANJO	PIANO
GITAR	SAKSOFON
KLARINETT	TAMBURIN
FAGOTT	TROMME
FLØYTE	TROMPET
GONG	TROMBONE
MANDOLIN	FIOLIN
MARIMBA	CELLO

56 - Professioni #2

```
J I L L U S T R A T Ø R F F
H O Q T T C L B Z J E L I O
B Y U A T D P I L O T Y L T
I I U R A J D O N Y E M O O
B D Y Z N G I L E G K J S G
L X E M N A Z O O U V K O R
I I J K L R L G S O I I F A
O L J L E T H I M U N R S F
T P Æ Y G N K Z S N G U Z T
E W G R E E B O O T E R O P
K M A L E R L E G E N G O D
A L Z W X R E I X W I N L X
R F O R S K E R M J Ø B O N
A S T R O N A U T B R E G J
```

ASTRONAUT	ILLUSTRATØR
BIBLIOTEKAR	INGENIØR
BIOLOG	LÆRER
KIRURG	LINGVIST
TANNLEGE	LEGE
FILOSOF	PILOT
FOTOGRAF	MALER
GARTNER	FORSKER
JOURNALIST	ZOOLOG

57 - Letteratura

```
F  J  S  Z  D  A  D  A  U  C  J  T  X  W
R  Y  T  M  E  I  N  N  B  P  D  B  S  H
I  O  Q  V  H  B  A  A  K  C  U  S  T  E
M  B  M  S  Y  G  M  L  L  V  Z  L  I  O
E  E  E  A  X  D  U  O  O  Y  Q  J  L  J
N  S  G  Q  N  V  S  G  F  G  S  Z  X  P
I  K  T  E  M  A  J  I  Y  T  W  E  A  O
N  R  O  L  P  R  A  N  E  K  D  O  T  E
G  I  C  N  A  A  N  O  Z  X  Q  D  Z  T
W  V  N  W  T  L  G  I  O  A  N  B  M  I
E  E  K  V  F  M  E  T  A  F  O  R  P  S
U  L  U  R  F  O  R  F  A  T  T  E  R  K
C  S  H  M  M  C  W  D  I  K  T  D  D  U
I  E  B  I  O  G  R  A  F  I  Y  Q  S  P
```

ANALYSE	MENING
ANALOGI	DIKT
ANEKDOTE	POETISK
FORFATTER	RIM
BIOGRAFI	RYTME
BESKRIVELSE	ROMAN
DIALOG	STIL
SJANGER	TEMA
METAFOR	

58 - Cibo #2

```
Q P I Z Z E C Y O M J B U L
K I R S E B Æ R S S K R U P
B S U L A D I B K E T Ø Y B
A R D R U E C H I P C D K H
N T O M A T S E N L F B S V
A K K K M G N W K E D R H U
N Y D I K A U B E R G I N E
A L U W E O Y O G H U R T Q
O L R I W G L F U K K S E D
H I S O P P G I B H Z V N U
S N I Z R H S S E L L E R I
C G C N I M K K A B V K I C
O G N K S S H V E T E R D L
S J O K O L A D E W W D Y O
```

BANAN
BROKKOLI
KIRSEBÆR
SJOKOLADE
OST
SOPP
HVETE
KIWI
EPLE
AUBERGINE

BRØD
FISK
KYLLING
TOMAT
SKINKE
RIS
SELLERI
EGG
DRUE
YOGHURT

59 - Nutrizione

```
Y  R  U  J  S  W  S  M  G  H  G  Z  W  V
A  R  D  X  T  A  A  P  F  E  P  D  B  I
V  Æ  S  K  E  R  U  P  I  L  M  K  S  T
P  V  Z  P  G  K  A  S  P  S  Z  V  A  A
R  G  I  F  T  K  R  X  P  E  E  A  Z  M
O  J  B  A  L  A  N  S  E  R  T  L  J  I
T  Æ  F  W  J  O  K  K  V  S  B  I  I  N
E  R  W  K  K  R  A  R  D  B  I  T  T  G
I  I  F  C  F  G  L  Y  W  F  T  E  F  T
N  N  O  B  D  R  O  D  I  E  T  T  N  X
E  G  M  R  F  O  R  D  Ø  Y  E  L  S  E
R  V  E  K  T  N  I  E  Q  D  R  T  I  F
I  H  S  U  N  N  E  R  L  D  J  D  U  F
T  X  Q  Q  N  G  R  O  G  B  H  P  O  E
```

BITTER	VEKT
APPETITT	PROTEINER
BALANSERT	KVALITET
KALORIER	SAUS
SPISELIG	HELSE
DIETT	SUNN
FORDØYELSE	KRYDDER
GJÆRING	GIFT
VÆSKER	VITAMIN

60 - Matematica

```
E K S P O N E N T R I O H P
Q M V K B R Ø K D E L B N O
A R I T M E T I K K S U M L
T D E S I M A L V T F X G Y
D R S L N D E Q O A Æ K E G
R I E Y J W H H L N R G O O
A T A K M W T Q U G E L M N
D M E M A M H B M E L I E D
I T T X E N E D W L Q G T W
U A C N S T T D D P N R R
S V I N K L E R R Q E I I O
O M K R E T S R E I E N G W
T O R G E T P Z K O G G W W
P A R A L L E L L Z S A O G
```

VINKLER
ARITMETIKK
DESIMAL
DIAMETER
LIGNING
EKSPONENT
BRØKDEL
GEOMETRI
PARALLELL
OMKRETS

POLYGON
TORGET
RADIUS
REKTANGEL
SFÆRE
SYMMETRI
SUM
TREKANT
VOLUM

61 - Meditazione

```
M F Ø L E L S E R S G V D P
R U V C A U T O J I L D F E
Q O S M M Y I U H N A T U R
E F L I E B Q N S N S O Z S
T H H I K A R U T J H B E P
Y J G Q G K E K A P U S T E
T A K K N E M L I G H E T K
T X A F A K S E P T O R M T
B A K L A R H E T U L V E I
V E N N L I G H E T D A N V
A S A K E J W Y M Q N S T H
E I L M E V H I T V I J A D
N X X B F R E D Y O N O L W
B E V E G E L S E L G N Y R
```

AKSEPT
ROLIG
KLARHET
FØLELSER
VENNLIGHET
TAKKNEMLIGHET
MENTAL
SINN
BEVEGELSE

MUSIKK
NATUR
OBSERVASJON
FRED
TANKER
HOLDNING
PERSPEKTIV
PUSTE

62 - Estate

```
G A V S L A P N I N G X F C
D L F M S A N D A L E R R A
V N E Q X P K X Z S L X I M
O M R D Z C I Q Y T V T T P
H A I Y E M K L U J F W I I
U W E K A M I K L E R N D N
J T A K M T R N C R S I Z G
B D Q I M H V E N N E R Q Z
L H K N S A B Ø K E R G V M
M A T G T V T Q R R R S S U
H J E M R G T X R E I S E S
A K L Q A V D Z V X Z J G I
G Z S P N F A M I L I E K K
E G E U D B X K N Y A K E K
```

VENNER	HAV
CAMPING	MUSIKK
HJEM	MINNER
MAT	AVSLAPNING
FAMILIE	SANDALER
HAGE	STRAND
SPILL	STJERNER
GLEDE	FRITID
DYKKING	FERIE
BØKER	REISE

63 - Escursionismo

```
S H U O V E M I L X H W P F
D R L Q X Y E Z C J K V A O
W K L I P P E D Y R Z T R R
V A N N S S Y D T H T U K B
O R I E N T E R I N G N E E
T T Q F A O E S O L V G R R
C R R G T P C I M Z I E K E
V A Ø L U P F A N C L K L D
Z S C T R M A P M E L V I E
O D Z F T Ø R V Y P R U M L
F J E L L T E R G F I U A S
C L R F S E R G G N I N X E
S T Ø V L E R E E R L Q G W
J E V J T A N P D N G W V C
```

VANN	TUNG
DYR	STEINER
CAMPING	FORBEREDELSE
KLIMA	KLIPPE
KART	VILL
FJELL	SOL
NATUR	TRØTT
ORIENTERING	STØVLER
PARKER	TOPPMØTE
FARER	MYGG

64 - Professioni #1

```
A B A N K I E R P D K K S J
W S W N S E J I I A A U Y P
Q R T P Y A E T A N R N K T
P Z B R J M G N N S T S E A
H M U D O N E V I E O T P M
Q C U U L N R K S R G N L B
G R K S Y I O N T E R E E A
E G L P I E F M T B A R I S
O R E D A K T Ø R R F B E S
L B Z L Z V E F U K E K R A
O F E P C H A R N N X N S D
G U L L S M E D C G X U E Ø
E A D V O K A T Z U T D A R
R K U J K F O R S K E R Q R
```

TRENER   KARTOGRAF
AMBASSADØR   REDAKTØR
KUNSTNER   GEOLOG
ASTRONOM   GULLSMED
ADVOKAT   SYKEPLEIER
DANSER   MUSIKER
BANKIER   PIANIST
JEGER   FORSKER

65 - Antartide

```
T V I T E N S K A P E L I G
B E V A R I N G B S I W K L
G N M P G M S V Z T S O S W
Q E S P V A N N S E B U K T
M D O Z E M W G W I R M Y R
I I X G D R Y H O N E N E T
G S N F R E A A H E E T R Ø
R J W E B A Q T C T R W J Y
A L Z A R H F M U E K D V E
S C K H V A L I I R Y L O R
J O F O Y L L F O R S K E R
O H Z S V V K E P H Z N R J
N D C G U Ø G E R B D X C J
Z S I A H Y N N M I L J Ø J
```

VANN
MILJØ
BUKT
HVAL
BEVARING
GEOGRAFI
ISBREER
IS
ØYER

MIGRASJON
MINERALER
SKYER
HALVØY
FORSKER
STEINETE
VITENSKAPELIG
TEMPERATUR

66 - Libri

```
B P E V G I S A M L I N G E
K R G W X K K S D Y L Z V P
W O X P F O R T E L L E R I
J M N F R S E R I E Z C H S
C A C T S M V W R S H M H K
D N Q J E W E P O E Q Y I A
T U C W N K T P O R S A S K
R E A S D M S I D E V Y T T
A V Z L Z G W T V C S N O U
G E Z L I T T E R Æ R I R E
I N O I Q T Q B X F T E I L
S T W Q Z H E T K K Y C E L
K Y F O R F A T T E R T G C
Z R H I S T O R I S K U W G
```

FORFATTER
EVENTYR
SAMLING
KONTEKST
DUALITET
EPISK
LITTERÆR
LESER
FORTELLER

SIDE
POESI
AKTUELL
ROMAN
SKREVET
SERIE
HISTORIE
HISTORISK
TRAGISK

67 - Geografia

```
P G M F U S H K H K P X T F
O U V H A V W A S Ø R X X X
X K F Y B S Z R Z I M X T F
C G J Q K O N T I N E N T F
B R E D D E G R A D Y J H L
V K L X H M E R I D I A N E
J E L L I A H Ø Y D E O B N
Y W S E K T L R E G I O N G
O E X T O L A V O O C S O D
F L Ø A Y A N F K P E V R E
C V Y P Q S D E Y U V P D G
V E R D E N E R Y A L T B R
T E R R I T O R I U M E Y A
G B W Q I W X E E V Q S B D
```

HØYDE	HAV
ATLAS	MERIDIAN
BY	VERDEN
KONTINENT	FJELL
HALVKULE	NORD
ELV	VEST
ØY	LAND
BREDDEGRAD	REGION
LENGDEGRAD	SØR
KART	TERRITORIUM

68 - Cibo #1

```
H B H V Y S X D S I Q N L B
T R S V K A K E E I C P Ø Y
I B A S I L I K U M T Æ K G
Q M F G W T W K P A B R J G
W S Z M K L L V X A K E O T
J U I C E K J Ø T T S G R N
Q K M R L K O U K U A U D E
P K H U G U L R O T L T B P
I E V P C C P G P U A I Æ E
I R Z M S Y Y M Y N T E R O
X S S V E V O A A F V J X M
P F M N H L V E X I H Y L J
S P I N A T K O O S K O I D
K C Q A Y V J P F K A N E L
```

HVITLØK	MYNTE
BASILIKUM	BYGG
KANEL	PÆRE
KJØTT	NEPE
GULROT	SALT
LØK	SPINAT
JORDBÆR	JUICE
SALAT	TUNFISK
MELK	KAKE
SITRON	SUKKER

69 - Aeroplani

```
B  B  P  S  A  P  D  E  S  I  G  N  H  G
A  V  S  T  A  M  N  I  N  G  U  W  Ø  T
L  L  T  B  S  R  E  T  N  I  N  G  Y  D
L  E  U  T  U  R  B  U  L  E  N  S  D  D
O  J  V  F  J  P  A  S  S  A  S  J  E  R
N  T  Z  E  T  H  I  M  M  E  L  H  M  G
G  N  M  F  N  Z  Y  L  M  I  H  Y  A  F
N  Q  P  F  T  T  X  T  O  U  I  D  N  N
A  Z  Q  K  N  O  Y  S  T  T  S  R  N  Z
L  A  N  D  I  N  G  R  O  F  T  O  S  N
N  A  V  I  G  E  R  E  R  W  O  G  K  U
R  B  X  A  T  M  O  S  F  Æ  R  E  A  Y
B  R  E  N  S  E  L  S  M  W  I  N  P  F
T  G  U  X  O  K  X  L  D  A  E  U  R  U
```

HØYDE	MANNSKAP
LUFT	HYDROGEN
ATMOSFÆRE	MOTOR
LANDING	NAVIGERE
EVENTYR	BALLONG
BRENSEL	PASSASJER
HIMMEL	PILOT
DESIGN	HISTORIE
RETNING	TURBULENS
AVSTAMNING	

70 - Pirati

```
M T N D G L A K F G M M K K
P A P E G Ø Y E L G E Y O Y
X L N D C Q Z M A Q Q E M K
E V E N T Y R C G T R A P C
K I T M S R P D G V O B A V
N S S W T K A P T E I N S H
G O L B R A A G Y H Y B S U
L J H L A R R P U E S U V L
W W M Y N T E R C L Ø Y E E
A W C I D S K A T T L S R G
F T N D F E J X P P E L D S
H J E J A N K E R R O M C H
R H D Å R L I G W O P F W O
E I D L E G E N D E S O C I
```

ANKER	LEGENDE
EVENTYR	KART
FLAGG	MYNTER
KOMPASS	GULL
KAPTEIN	PAPEGØYE
DÅRLIG	FARE
ARR	ROM
MANNSKAP	SVERD
HULE	STRAND
ØY	SKATT

71 - Colori

```
C  M  E  G  T  Q  D  T  Q  H  P  Z  S  B
K  S  E  P  I  A  W  X  N  P  M  X  K  B
U  C  B  L  Å  O  I  U  Q  H  T  K  Y  M
M  O  E  D  E  Y  W  E  I  V  B  Q  J  X
Q  A  I  F  I  S  P  U  X  H  F  D  V  F
R  I  G  U  L  N  G  O  J  E  G  G  G  M
T  M  E  E  W  D  D  U  T  G  T  I  R  U
G  R  Ø  N  N  G  Y  I  W  S  H  C  Å  N
Y  Ø  S  V  S  T  O  V  G  F  V  Y  C  U
D  D  B  Z  U  B  A  S  H  O  I  A  N  W
M  H  R  H  Y  S  F  K  S  L  T  N  R  H
N  F  U  C  H  S  I  A  R  J  J  U  O  T
R  J  N  O  R  A  N  S  J  E  S  V  S  L
L  I  L  L  A  B  B  E  B  Y  D  R  A  S
```

ORANSJE	MAGENTA
BEIGE	BRUN
HVIT	SVART
BLÅ	ROSA
CYAN	RØD
FUCHSIA	SEPIA
GUL	GRØNN
GRÅ	LILLA
INDIGO	

72 - Suoni

```
V  I  B  R  A  S  J  O  N  N  J  R  Z  Z
U  L  N  Z  X  D  L  W  P  A  I  T  K  H
K  O  R  E  P  E  T  E  R  E  N  D  E  H
H  O  S  T  E  K  P  J  A  S  I  N  W  E
V  U  F  S  F  S  X  D  R  N  Q  P  B  N
I  H  L  D  A  W  E  D  E  K  T  J  H  X
S  T  Ø  Y  E  N  D  E  S  K  L  A  P  P
K  S  Y  Y  K  N  K  L  O  K  K  E  S  S
E  N  T  U  T  A  O  W  N  R  N  O  I  T
Y  N  E  B  V  V  N  L  A  T  T  E  R  E
N  X  T  K  Y  L  S  C  N  U  N  I  E  M
Z  K  N  F  D  D  E  A  S  T  Ø  N  N  M
S  D  P  E  H  E  R  V  V  H  N  R  E  E
W  Q  W  Q  Q  Y  T  Q  F  Z  A  W  R  R
```

KLAPP
KLOKKE
KONSERT
KOR
EKKO
FLØYTE
HØYT
STØNN
REPETERENDE

LATTER
RESONANS
STØYENDE
SIRENER
HVISKE
HOSTE
VIBRASJON
STEMMER

73 - Avventura

```
G F F C H N A M V S E R N D
A L A R Y G Z U A I N E Y E
K I E R W I E L N K T I K S
T L S D L L E I S K U S V T
I F T J E I P G K E S E R I
V D E D A N G H E R I R E N
I Q Y L Q N M E L H A U I A
T H X Y Q A S T I E S T S S
E S V J Z T C E G T M E E J
T S B A Q U T W H X E R R O
F O R B E R E D E L S E X N
V E N N E R E U T F L U K T
M S U V A N L I G Q V W K K
K Z W V L S K J Ø N N H E T
```

VENNER	UVANLIG
AKTIVITET	REISERUTE
SKJØNNHET	NATUR
SJANSE	NY
DESTINASJON	MULIGHET
VANSKELIGHET	FARLIG
ENTUSIASME	FORBEREDELSE
UTFLUKT	SIKKERHET
GLEDE	REISER

74 - Forme

```
R E K T A N G E L W Q O V Q
X G K H Y P E R B O L A Z O
I Q U L O O I R H Q X W V A
P Y R A M I D E K J E G L E
O T V X K D S T N A Ø P B M
K V E S S Y L I N D E R H X
A G A A Z U K Z L I N P
N M M L X W Y T I U L S S E
T T Q X X S I D E B I M F F
E O P O L Y G O N E P E Æ L
R T R E K A N T C Q S W R I
B B M G J K S I R K E L E N
X A Q M E V Y P T D A V X J
E O Y F V T D O W E B U E E
```

HJØRNE	SIDE
BUE	LINJE
KANTER	OVAL
SIRKEL	PYRAMIDE
SYLINDER	POLYGON
KJEGLE	PRISME
KUBE	TORGET
KURVE	REKTANGEL
ELLIPSE	SFÆRE
HYPERBOLA	TREKANT

75 - Oceano

```
S G Y T S A L T Q T Y B R B
J Y A A C K Ø X B Å T W N L
N V H T Y T I S S V A M P E
K O R A L L L L T J Q M R K
R E K E V D Q T P E M I S K
A R K K S M S U Z A R D J S
B Ø L G E R T N Y C D S I P
B V R W R X I F J L K D O R
E D E L F I N I M V M W E U
J H V A L G H S X X S X R T
J A Y Z J Å K K F S F I S K
F I K W Y D L U I R U F O H
D H U S T O R M J Q C P U D
M A N E T I D E V A N N K Q
```

ÅL
HVAL
BÅT
KORALL
DELFIN
REKE
KRABBE
TIDEVANN
MANET
BØLGER

ØSTERS
FISK
BLEKKSPRUT
SALT
REV
SVAMP
HAI
SKILPADDE
STORM
TUNFISK

76 - Famiglia

```
E  Y  S  S  M  X  S  D  A  O  W  X  W  D
K  N  T  A  N  T  E  Ø  T  E  Y  F  A  R
O  P  A  P  R  L  S  S  S  K  D  A  Q  H
N  J  M  G  N  Q  Q  I  T  T  F  D  B  W
E  W  F  J  Q  S  E  U  C  E  E  E  A  S
D  L  A  G  M  K  Y  X  Y  M  T  R  R  B
J  A  R  U  C  F  B  M  B  A  T  L  N  A
Z  F  T  O  W  T  R  E  D  N  E  I  N  R
B  E  S  T  E  M  O  R  S  N  R  G  E  N
H  V  I  Q  E  O  R  O  Q  T  Y  A  V  D
S  F  C  C  I  R  S  N  V  K  E  Z  Ø  O
V  E  J  L  X  S  F  K  F  I  F  F  D  M
J  P  K  V  V  F  T  E  C  J  G  H  A  O
D  G  C  Y  N  C  S  L  H  T  A  T  F  R
```

STAMFAR	KONE
BARN	NEVØ
FETTER	BESTEMOR
DATTER	BESTEFAR
BROR	FAR
BARNDOM	FADERLIG
MOR	SØSTER
EKTEMANN	TANTE
MORS	ONKEL

77 - Veicoli

```
H  N  L  A  S  T  E  B  I  L  Y  D  L  W
N  D  U  A  Y  A  L  I  G  X  J  L  T  A
H  V  A  I  K  X  D  A  C  O  Z  S  O  Z
S  I  U  F  K  I  G  A  B  H  D  J  G  U
C  U  N  D  E  R  V  A  N  N  S  B  Å  T
O  K  N  U  L  R  R  A  K  E  T  T  Å  K
O  B  U  S  S  H  J  D  F  C  R  L  Z  T
T  M  R  Q  G  X  T  E  L  H  A  W  E  T
E  P  O  W  N  S  Y  K  Å  B  K  R  G  G
R  A  F  T  L  R  Z  K  T  G  T  A  X  Z
T  R  Z  B  O  C  N  P  E  C  O  B  T  I
K  A  F  C  G  R  J  F  V  D  R  I  G  V
H  E  L  I  K  O  P  T  E  R  C  L  O  M
L  T  Y  A  M  B  U  L  A  N  S  E  C  A
```

FLY	DEKK
AMBULANSE	RAKETT
BIL	SCOOTER
BUSS	UNDERVANNSBÅT
BÅT	TAXI
SYKKEL	FERJE
LASTEBIL	TRAKTOR
HELIKOPTER	TOG
MOTOR	FLÅTE

78 - Emozioni

```
L R O L I G D Y I S V M M T
G O V E R R A S K E L S E A
L L F L A U J D F G P A K K
F E E G Y T G J F R S O G K
O I T D C Y L E R F Y I P N
R N A T E Ø M H E T M K V E
N N Z X E L J Z D Q P F T M
Ø H Y T Y L B H B G A E R L
Y O T Q Z J S F O F T L P I
D L G O E X Z E A Z I C F G
F D V E N N L I G H E T H B
L Y K K S A L I G H E T E T
K J Æ R L I G H E T S E M P
Z K Z S G R J S I N N E R O
```

KJÆRLIGHET	FRYKT
LYKKSALIGHET	SINNE
ROLIG	LETTELSE
INNHOLD	SYMPATI
VENNLIGHET	FORNØYD
GLEDE	OVERRASKELSE
TAKKNEMLIG	ØMHET
FLAU	RO
FRED	

79 - Natura

```
Ø R L M O X S R A K A R D Q
A R K T I S K J A L F O Y K
L E K T Å K E L V N K L N A
V H U E D Y R B Q B T I A O
O I J W N E O U O R R G M X
I S B R E R S K O G O J I D
G C V I L L J V P J P R S L
B I E R Ø K O D I L I U K C
L Y F O V Z N Y L C S V D K
A X U J V I K T I G K P Z E
Q A M H E L L I G D O M E B
M T J I R L Q O G K I F N D
T W X T K K L X K V U C H G
N S K J Ø N N H E T R A Y E
```

DYR
BIER
ARKTISK
SKJØNNHET
ØRKEN
DYNAMISK
EROSJON
ELV
LØVVERK
SKOG

ISBRE
FJELL
TÅKE
SKYER
LY
HELLIGDOM
VILL
ROLIG
TROPISK
VIKTIG

80 - Balletto

```
B  J  Z  J  G  G  J  Q  Q  A  O  K  Ø  K
H  K  V  O  R  A  E  A  B  K  R  U  V  B
J  X  D  I  A  U  Z  S  I  O  K  N  I  A
P  R  A  K  S  I  S  O  T  M  E  S  N  L
F  Y  N  C  I  N  T  U  G  P  S  T  G  L
E  T  S  M  Ø  T  E  S  A  O  T  N  R  E
R  M  E  U  S  E  K  M  R  N  E  E  V  R
D  E  R  S  R  N  N  A  U  I  R  R  Q  I
I  H  E  K  I  S  I  P  P  S  T  I  L  N
G  J  V  L  R  I  K  P  U  T  I  S  T  A
H  Y  L  E  E  T  K  L  M  V  I  K  J  W
E  R  F  R  N  E  N  A  W  M  D  K  K  B
T  A  N  M  Y  T  P  U  B  L  I  K  U  M
U  T  T  R  Y  K  K  S  F  U  L  L  S  F
```

FERDIGHET	MUSKLER
APPLAUS	MUSIKK
KUNSTNERISK	ORKESTER
BALLERINA	PRAKSIS
DANSERE	ØVING
KOMPONIST	PUBLIKUM
UTTRYKKSFULL	RYTME
GEST	STIL
GRASIØS	TEKNIKK
INTENSITET	

81 - Castelli

```
A  X  Y  L  D  Z  V  H  S  K  G  T  Z  P
P  R  I  N  S  E  S  S  E  F  C  A  E  A
K  A  T  A  P  U  L  T  B  S  S  M  D  L
R  U  S  T  N  I  N  G  G  M  T  G  S  A
O  I  F  E  S  T  N  I  N  G  Å  Z  U  S
N  V  D  D  T  V  Q  G  Q  P  R  I  N  S
E  X  D  D  T  O  A  M  Z  Y  N  I  D  F
V  E  R  U  E  S  V  E  R  D  O  M  Y  Ø
T  V  D  G  W  R  E  A  B  L  D  P  N  Y
A  J  W  E  U  D  G  C  O  J  R  E  A  D
S  K  J  O  L  D  G  J  B  H  A  R  S  A
K  O  N  G  E  D  Ø  M  M  E  G  I  T  L
E  N  H  J  Ø  R  N  I  N  G  E  U  I  Q
S  O  T  B  U  Z  H  L  C  P  B  M  C  Y
```

RUSTNING	EDEL
KATAPULT	PALASS
RIDDER	VEGG
HEST	PRINS
KRONE	PRINSESSE
DYNASTI	KONGEDØMME
DRAGE	SKJOLD
FØYDAL	SVERD
FESTNING	TÅRN
IMPERIUM	ENHJØRNING

82 - Campionato

```
O E A Y Y T E L S E P D P F
O G P N Z V U Z Y O L T T I
F L B T X D D R W I E U Z R
D Ø M M E X F I N A L I S T
H Y S U T H O L D E N H E T
W N K P B D T Y H W R G M O
T E A M X V H R W S E I E R
F I M E S T E R E F N U N G
L I G A W Y F F E N S G S G
H S V E T T E C R A E V P L
M E S T E R S K A P O R O K
M O T I V A S J O N J X R T
M E D A L J E S P I L L T Q
F X T E M S T R A T E G I E
```

TRENER
MESTERSKAP
MESTER
FINALIST
SPILL
DØMME
LIGA
MEDALJE
MOTIVASJON

YTELSE
UTHOLDENHET
SPORT
TEAM
STRATEGI
SVETTE
TURNERING
SEIER

83 - Foresta Pluviale

```
M R E A F H E A J N K S B S
Z O B J B G S W U J L M O A
I N S E K T E R N E I A T M
Y Y P E J F T W G O M N A F
Z Q A M F I B I E R A G N U
U C T G O Q S M L X N F I N
N P T B E V A R I N G O S N
O V E R L E V E L S E L K E
S P D A J L C R R J B D K T
S K Y E R T F A U R F O L K
E J R E S T A U R E R I N G
N A T U R W R E S P E K T V
V E R D I F U L L Q I A Q S
T I L F L U K T F U G L E R
```

AMFIBIER	NATUR
BOTANISK	SKYER
KLIMA	BEVARING
SAMFUNNET	VERDIFULL
MANGFOLD	RESTAURERING
JUNGEL	TILFLUKT
URFOLK	RESPEKT
INSEKTER	OVERLEVELSE
PATTEDYR	ART
MOSE	FUGLER

84 - Edifici

```
F L N U M X U L T W S O S L
A A E O I U G E Å C Z B U L
B B O A R F S I R V H S P V
R O Q T E K V L N E E E E M
I R K M U A W I N J R R R U
K A O G J H K G L G B V M S
K T M S Y K E H U S E A A E
E O H B E F X E D T R T R U
L R Y O A N B T V A G O K M
E I T K T S H K A D E R E E
T U T I X E S V O I B I D Y
E M E N N S L A Z O Z U I J
L S K O L E A L D N H M E C
T X D N S L O T T E A T E R
```

AMBASSADE
LEILIGHET
HYTTE
SLOTT
KINO
FABRIKK
LÅVE
HOTELL
LABORATORIUM
MUSEUM

SYKEHUS
OBSERVATORIUM
HERBERGE
SKOLE
STADION
SUPERMARKED
TEATER
TELT
TÅRN

85 - Paesi #2

```
T  T  C  H  E  L  L  A  S  E  Y  B  U  F
A  B  H  Q  K  C  I  U  Q  S  M  I  K  D
A  L  B  A  N  I  A  B  M  I  N  W  R  A
W  M  V  E  I  U  O  S  E  A  Y  Z  A  N
Y  Y  A  K  N  G  N  W  X  R  T  B  I  M
P  L  S  U  D  A  N  H  I  U  I  T  N  A
R  A  C  O  O  N  I  M  C  I  I  A  A  R
U  Q  K  U  N  D  G  K  O  A  R  H  E  K
S  S  N  I  E  A  E  T  K  U  L  A  O  S
S  Y  I  J  S  T  R  J  A  M  A  I  C  A
L  R  W  I  I  T  I  I  A  S  N  T  E  O
A  I  L  K  A  A  A  E  G  P  D  I  Q  H
N  A  L  H  B  F  X  N  E  P  A  L  U  F
D  E  T  I  O  P  I  A  X  T  Y  N  J  W
```

ALBANIA	LIBERIA
DANMARK	MEXICO
ETIOPIA	NEPAL
JAMAICA	NIGERIA
JAPAN	PAKISTAN
HELLAS	RUSSLAND
HAITI	SYRIA
INDONESIA	SUDAN
IRLAND	UKRAINA
LAOS	UGANDA

86 - Tipi di Capelli

```
N A T J S S K A L L E T K L
G A Y G Ø V X D F R S Y O Z
M F K U L A E O N A K N R F
B S K D V R L K P G R N T F
L R U A L T T R G R Ø G C L
O C U N R R Ø Ø L Å L V E E
N H Y N N L R L A O L Y P T
D V M B I A R L T I E A A T
Y I G C N N I E T R T T A E
C T M E E G F R Q I A A W R
V G I S W O O U O F W X F K
O N U I G W M Y K Q V V C E
V Z F T W V M L I W L Q C G
D B G U H A P F L E T T E T
```

SØLV
TØRR
HVIT
BLOND
KORT
SKALLET
FARGET
GRÅ
FLETTET
GLATT

LANG
BRUN
MYK
SVART
KRØLLET
KRØLLER
SUNN
TYNN
TYKK
FLETTER

87 - Vestiti

```
H K B E J E A N S Y S W I H
S F G T A B O G K D K O F T
E K R I K X A A J A J F D E
R U J I K Q U I O G E N A W
S A C Ø E L Q B R X R Z O E
H A T T R U M I T S F J C G
A R N Z L T B I E K S A B E
N M E D E R U X A O Q C C N
S B F R A K K P Y J A M A S
K Å X F A L S J V B L O K E
E N Z J C C E T O K M T G R
R D J Z M F O R K L E E W X
H A L S K J E D E X E I W Y
P N B L U S E B E L T E U J
```

KJOLE
ARMBÅND
BLUSE
SKJORTE
HATT
FRAKK
BELTE
HALSKJEDE
JAKKE
SKJØRT

FORKLE
HANSKER
JEANS
GENSER
MOTE
BUKSE
PYJAMAS
SANDALER
SKO
SKJERF

88 - Attività e Tempo Libero

```
F O T T U R E R Z S F F C R
A P B M A L E R I U I O A E
V V A H V A A F H R S T M I
K B S S Y S P P Z F K B P S
N F E L B H W I F I E A I E
G B B E A O V I D N T L N D
S O A X S P O U Z G H L G A
V K L D K P P D Y K K I N G
Ø S L F E I P E K U N S T H
M I X Z T N O P N S I D V I
M N O S B G O S E D V F L U
I G C H A G E A R B E I D O
N I K W L T E N N I S T H I
G Q V O L L E Y B A L L O I
```

KUNST
BASEBALL
BASKETBALL
BOKSING
FOTBALL
CAMPING
FOTTURER
HAGEARBEID
GOLF
DYKKING

SVØMMING
VOLLEYBALL
FISKE
MALERI
AVSLAPPENDE
SHOPPING
SURFING
TENNIS
REISE

89 - Tecnologia

```
P  D  I  G  I  T  A  L  T  Q  U  G  E  Z
R  T  Q  N  S  T  A  T  I  S  T  I  K  K
O  V  V  E  Q  S  Q  M  E  L  D  I  N  G
G  B  Y  T  E  V  K  T  M  K  N  Y  M  W
R  L  Q  T  I  V  I  R  U  S  U  T  A  W
A  O  J  L  F  R  F  R  I  W  Q  A  R  S
M  G  W  E  K  K  J  E  T  F  I  L  K  R
V  G  M  S  K  J  E  R  M  U  T  N  Ø  J
A  F  A  E  S  R  D  E  B  N  E  V  R  D
R  F  O  R  S  K  N  I  N  G  T  L  H  A
E  K  A  M  E  R  A  T  J  P  B  R  L  T
D  A  T  A  M  A  S  K  I  N  Q  Z  J  A
U  N  T  W  I  N  T  E  R  N  E  T  T  I
S  I  K  K  E  R  H  E  T  L  X  J  A  H
```

BLOGG
NETTLESER
BYTE
DATAMASKIN
MARKØR
DATA
DIGITALT
FIL
SKRIFT
INTERNETT

MELDING
FORSKNING
SKJERM
SIKKERHET
PROGRAMVARE
STATISTIKK
KAMERA
VIRTUELL
VIRUS

90 - Arte

```
Z T U S K U L P T U R V S C
B B R K E O R J C K O I U K
X Z J A R V M S U K B S R N
C D U P A E O P S Y J U R T
W L R E M M N E L S O E E Z
N S U K I N T K H E B L A P
M S N Q S E P L E C K L L L
A S C H K W O I W L S S I U
L K Y U Q C E Æ R L I G S T
E I H M Z T S F B O M R M T
R L C Ø B F I G U R Q N E R
I D E R Q O R I G I N A L Y
E R Y W W A L S X F E V N K
R E I N S P I R E R T B E K
```

KERAMISK
KOMPLEKS
SKAPE
MALERIER
UTTRYKK
FIGUR
INSPIRERT
ÆRLIG
ORIGINAL

POESI
SKILDRE
SKULPTUR
ENKEL
SYMBOL
EMNE
SURREALISME
HUMØR
VISUELL

91 - Meteo

```
J  P  L  V  A  Z  F  O  K  L  I  M  A  F
T  Ø  R  R  J  J  I  R  S  T  O  R  M  J
T  O  R  N  A  D  O  K  P  V  C  X  O  B
O  T  Å  K  E  C  C  A  D  O  H  L  N  Q
R  E  L  Y  O  E  U  N  V  I  N  D  S  H
D  M  D  N  I  A  B  V  T  W  S  Q  U  I
E  P  E  X  B  T  Ø  R  K  E  F  K  N  M
N  E  D  I  M  M  E  P  S  Q  S  V  Y  M
B  R  O  P  N  O  P  O  L  A  R  N  S  E
R  A  L  M  O  S  U  D  V  C  G  Y  C  L
I  T  G  Y  A  F  I  V  T  C  A  R  N  F
S  U  X  V  N  Æ  N  P  B  M  M  Y  L  F
Y  R  K  U  M  R  E  G  N  B  U  E  F  J
M  T  B  U  G  E  T  R  O  P  I  S  K  E
```

REGNBUE	SKY
TØRR	POLAR
ATMOSFÆRE	TØRKE
BRIS	TEMPERATUR
HIMMEL	STORM
KLIMA	TORNADO
LYN	TROPISK
IS	TORDEN
MONSUN	ORKAN
TÅKE	VIND

92 - Corpo Umano

```
U  I  B  K  H  B  H  T  M  H  H  M  R  N
E  E  M  A  G  E  A  J  B  U  Z  Z  K  Q
J  A  G  X  Q  I  L  X  E  D  L  V  H  I
Ø  R  E  H  N  N  S  A  H  R  G  N  I  G
S  A  N  S  I  K  T  B  Å  Q  N  Ø  Y  E
J  N  L  P  Z  S  D  R  N  V  Q  E  U  N
Z  K  Q  B  M  H  U  B  D  T  F  B  Y  E
C  E  J  R  U  S  K  U  L  D  E  R  P  S
F  L  H  K  N  E  B  L  O  D  I  A  Z  E
R  Z  O  Q  N  T  M  G  C  V  T  R  T  Q
H  G  D  G  O  U  R  D  M  A  F  N  P  U
R  A  E  S  M  X  R  H  H  J  E  R  T  E
O  J  K  F  I  N  G  E  R  D  F  A  C  A
L  B  H  E  E  S  F  L  H  Y  G  Q  K  B
```

MUNN	HÅND
ANKEL	HAKE
HJERNE	NESE
HALS	ØYE
HJERTE	ØRE
FINGER	HUD
ANSIKT	BLOD
BEIN	SKULDER
KNE	MAGE
ALBUE	HODE

93 - Mammiferi

```
S  U  R  O  U  O  K  S  E  I  G  R  W  S
R  A  T  X  R  J  R  O  H  W  R  W  Z  J
E  P  R  C  H  C  F  Y  K  T  S  A  U  I
W  A  S  H  S  A  H  S  A  J  L  C  Z  R
B  H  U  N  D  P  K  E  N  G  U  R  U  A
P  J  R  G  D  E  L  F  I  N  Y  E  R  F
R  O  Ø  O  T  S  Ø  K  N  H  B  V  L  F
Æ  R  L  R  X  E  V  J  A  W  E  K  L  U
R  T  S  I  N  B  E  H  V  A  L  S  I  L
I  C  D  L  B  R  K  A  T  T  E  V  T  V
E  Y  V  L  N  A  A  T  N  Z  F  C  Z  V
U  B  P  A  V  A  H  G  Q  N  A  V  Y  L
L  W  X  M  Z  A  H  Q  A  N  N  M  M  W
V  K  T  M  R  G  W  O  O  N  T  B  U  T
```

HVAL	SJIRAFF
HUND	GORILLA
KENGURU	LØVE
HEST	ULV
HJORT	BJØRN
KANIN	SAU
PRÆRIEULV	APE
DELFIN	OKSE
ELEFANT	REV
KATT	SEBRA

94 - Arrampicata

```
S  T  Y  R  K  E  H  U  L  E  K  K  C  Q
T  R  S  T  Ø  V  L  E  R  J  F  T  D  W
A  E  K  S  P  E  R  T  E  R  R  E  N  G
B  N  Y  S  G  J  E  R  R  I  G  H  E  T
I  I  A  H  Ø  Y  D  E  F  H  S  M  Q  L
L  N  N  H  B  A  F  W  Q  Y  J  B  O  I
I  G  K  A  R  T  T  U  Q  C  S  E  G  B
T  Y  H  G  H  J  M  M  R  P  M  I  L  M
E  H  A  N  S  K  E  R  O  K  A  J  S  M
T  S  K  A  D  E  W  U  D  S  L  J  K  K
H  W  F  O  T  T  U  R  E  R  F  X  X  V
Y  L  M  A  C  T  P  Z  D  A  S  Æ  E  G
U  T  F  O  R  D  R  I  N  G  E  R  R  O
H  L  T  H  F  E  A  E  F  Y  W  I  V  E
```

HØYDE	HULE
ATMOSFÆRE	HANSKER
HJELM	SKADE
NYSGJERRIGHET	KART
FOTTURER	UTFORDRINGER
EKSPERT	STABILITET
FYSISK	STØVLER
TRENING	SMAL
STYRKE	TERRENG

95 - Animali Domestici

```
H  V  F  J  S  Y  Q  L  K  L  Ø  R  L  Q
A  A  V  Q  K  K  F  V  A  L  P  M  A  T
L  N  L  E  A  N  I  Y  T  X  J  U  K  U
E  N  K  H  T  D  S  L  T  O  B  S  A  F
F  P  R  K  T  F  K  E  P  M  Å  A  N  P
Q  T  A  U  U  Z  P  L  D  A  N  O  I  A
E  D  G  C  N  F  T  C  H  L  D  R  N  P
E  H  E  Ø  G  L  E  H  T  U  V  D  T  E
A  C  C  U  E  R  H  H  A  G  N  H  E  G
G  E  I  T  C  V  F  F  L  M  J  D  U  Ø
V  E  T  E  R  I  N  Æ  R  E  S  D  A  Y
O  B  L  G  D  I  G  C  K  V  N  T  Y  E
H  K  V  A  L  Y  E  X  I  A  M  O  E  C
K  W  D  L  Q  B  A  W  T  R  R  N  Q  R
```

VANN	KATTUNGE
KLØR	KATT
HUND	BÅND
GEIT	ØGLE
MAT	KU
HALE	PAPEGØYE
KRAGE	FISK
KANIN	SKILPADDE
HAMSTER	MUS
VALP	VETERINÆR

96 - Cucina

```
I  U  Z  B  P  W  C  C  X  U  Y  C  M  K
V  Q  T  K  O  P  P  S  K  R  I  F  T  J
S  F  L  A  V  L  G  K  S  N  S  R  M  Ø
I  J  G  G  R  M  L  J  K  A  E  P  A  L
K  R  Y  D  D  E  R  E  J  Ø  R  M  T  E
O  G  H  U  E  Q  I  L  E  S  V  U  F  S
P  K  R  B  Z  G  Q  E  E  E  I  G  O  K
P  H  Z  I  O  A  I  G  R  X  E  G  R  A
E  N  R  T  L  V  K  A  F  K  T  E  K  P
R  W  K  U  O  L  N  F  R  N  T  H  L  E
K  N  I  V  E  R  E  L  Y  E  Q  Y  E  R
K  R  U  K  K  E  H  E  S  V  A  M  P  J
Z  J  G  B  C  X  D  R  E  X  B  L  M  Z
G  G  W  Q  K  W  N  C  R  W  P  R  A  D
```

KJELE	FORKLE
MUGGE	GRILLE
MAT	ØSE
BOLLE	OPPSKRIFT
KNIVER	KRYDDER
FRYSER	SVAMP
SKJEER	KOPPER
GAFLER	SERVIETT
OVN	KRUKKE
KJØLESKAP	

97 - Vacanze #2

```
S  R  P  H  K  D  U  T  M  U  K  B  V  M
A  E  A  A  O  S  B  R  U  T  N  S  I  H
D  I  S  V  Z  T  Q  T  T  L  Ø  Y  S  W
P  S  S  O  R  R  E  V  O  E  D  I  U  U
T  E  F  X  V  A  L  L  G  N  K  I  M  S
F  A  I  B  H  N  J  Q  L  D  N  A  T  K
R  Y  X  B  E  D  X  O  E  I  S  A  R  T
I  B  W  I  C  A  M  P  I  N  G  U  A  T
T  P  O  L  X  C  P  T  F  G  F  S  N  E
I  V  M  D  T  N  Y  A  E  P  E  E  S  L
D  Q  R  E  S  T  A  U  R  A  N  T  P  T
A  O  K  R  H  A  I  T  I  J  O  Z  O  Z
F  L  Y  P  L  A  S  S  E  N  I  L  R  Z
D  E  S  T  I  N  A  S  J  O  N  Z  T  G
```

FLYPLASSEN	STRAND
CAMPING	UTLENDING
DESTINASJON	TAXI
BILDER	FRITID
HOTELL	TELT
ØY	TRANSPORT
KART	TOG
HAV	FERIE
PASS	REISE
RESTAURANT	VISUM

98 - Attività

```
I  N  T  E  R  E  S  S  E  R  T  G  F  F
D  A  V  S  L  A  P  N  I  N  G  L  I  O
D  K  B  N  Y  J  I  H  N  X  A  E  S  T
Z  E  Z  C  P  K  L  D  T  R  Y  D  K  O
F  R  U  J  G  Q  L  H  V  U  H  E  E  G
O  A  K  B  S  U  E  C  Q  J  A  K  T  R
T  M  C  D  L  E  S  S  O  O  G  X  F  A
T  I  P  A  K  T  I  V  I  T  E  T  R  F
U  K  H  N  M  W  N  G  F  M  A  S  I  E
R  K  H  S  A  P  G  O  E  B  R  P  T  R
E  R  N  S  G  O  I  O  B  B  B  A  I  I
R  H  F  O  I  K  U  N  S  T  E  Y  D  N
H  Å  N  D  V  E  R  K  G  J  I  V  U  G
F  E  R  D  I  G  H  E  T  T  D  M  K  J
```

FERDIGHET	FOTOGRAFERING
KUNST	HAGEARBEID
HÅNDVERK	SPILL
AKTIVITET	INTERESSER
JAKT	LESING
CAMPING	MAGI
KERAMIKK	FISKE
SY	GLEDE
DANS	AVSLAPNING
FOTTURER	FRITID

99 - Forniture Artistiche

```
B  J  C  N  O  A  K  R  Y  L  V  V  A  M
K  L  I  M  X  F  A  R  G  E  R  I  K  A
Z  H  Y  B  Y  Q  M  W  P  T  J  S  V  L
B  V  P  A  P  I  R  Z  U  W  I  K  A  I
F  A  A  G  N  K  I  M  M  K  W  E  R  N
N  Q  I  N  F  T  D  J  O  U  R  L  E  G
D  S  U  K  N  B  E  N  B  L  A  Æ  L  S
L  E  I  R  E  L  E  R  Ø  L  J  R  L  T
Z  L  K  A  M  E  R  A  R  P  S  E  E  A
V  V  I  K  A  K  F  L  S  T  O  L  R  F
V  J  Z  B  L  K  N  M  T  I  U  L  Z  F
I  J  O  M  D  D  J  D  E  A  F  S  O  E
K  B  O  R  D  H  C  H  R  C  Q  V  E  L
K  R  E  A  T  I  V  I  T  E  T  W  J  I
```

VANN	VISKELÆR
AKVARELLER	IDEER
AKRYL	BLEKK
LEIRE	BLYANTER
KULL	OLJE
PAPIR	STOL
STAFFELI	BØRSTER
LIM	BORD
FARGER	KAMERA
KREATIVITET	MALING

100 - Misurazioni

```
N G R A D E Y O I K H W D V
H C I Z B Y J W D I A L E O
C Ø K U C G B C B L L O S L
D K Y C Y U Y D R O V C I U
R S F D I W T J E M L E M M
E K Y M E T E R D E I N A N
L I T E R O O U D T T T L G
C L L W N M J N E E E I W C
V O F O T M W S N R R M H S
V E K T D E N E C N G E Y I
M I N U T T F X G D O T D J
B W J O M Y L E N G D E Y T
C K H O M Q L I L R G R A M
K K F L S Y G D C L U F Y T
```

HØYDE   LENGDE
BYTE   METER
CENTIMETER   MINUTT
KILO   UNSE
KILOMETER   VEKT
DESIMAL   HALVLITER
GRAD   TOMME
GRAM   DYBDE
BREDDE   TONN
LITER   VOLUM

1 - Scacchi

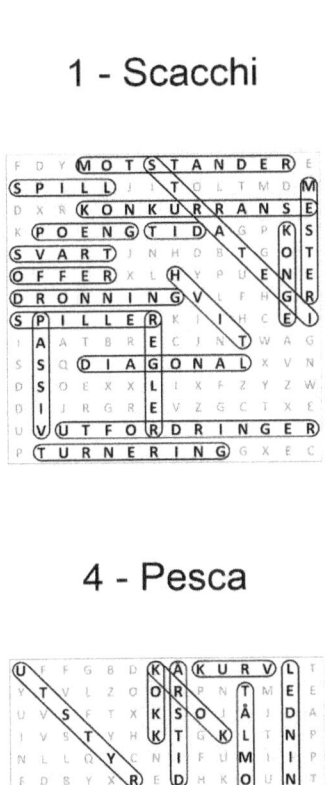

2 - Aggettivi #2

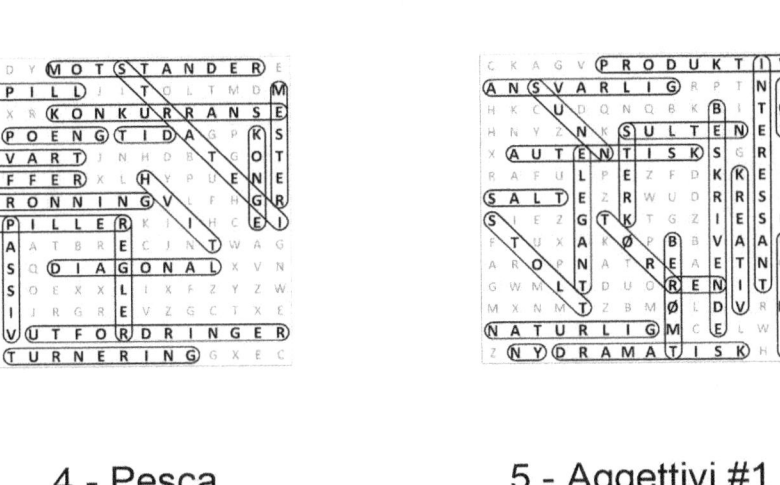

3 - Mobili

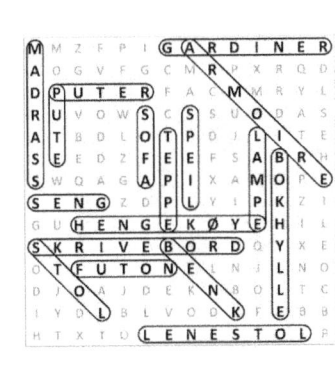

4 - Pesca

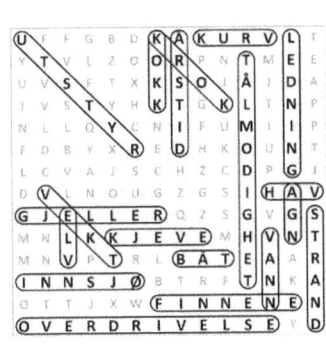

5 - Aggettivi #1

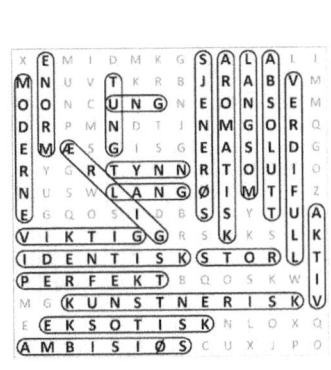

6 - Geologia

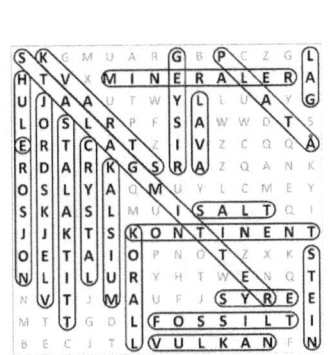

7 - Campeggio

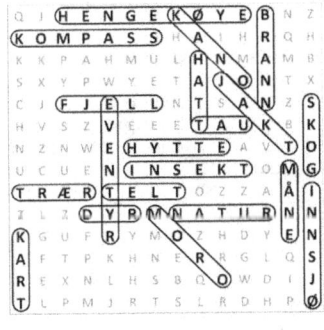

8 - Arti Visive

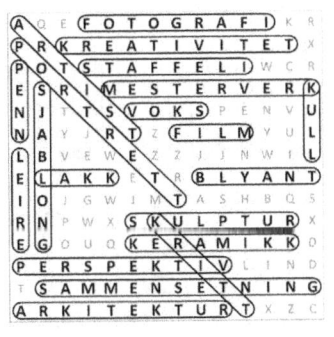

9 - Esplorazione

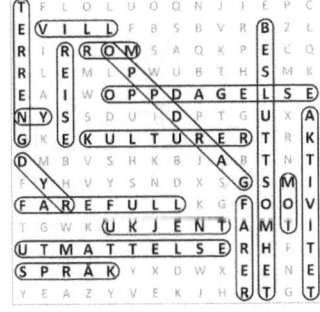

10 - Tempo

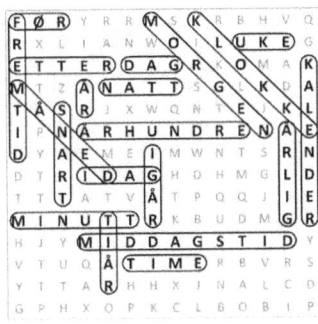

11 - Astronomia

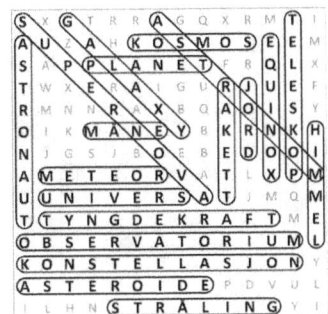

12 - Circo

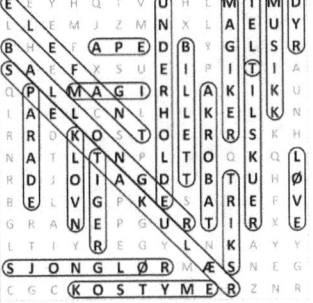

13 - Mitologia

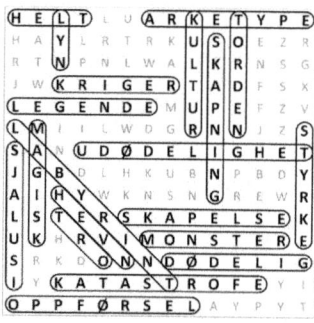

14 - Piante

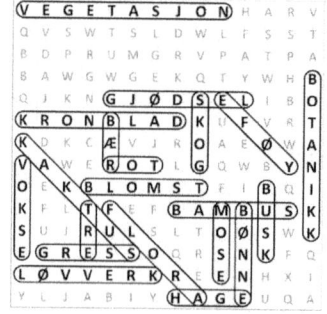

15 - Spezie

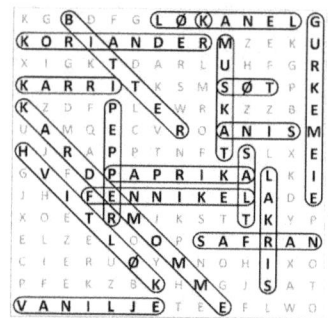

16 - Numeri

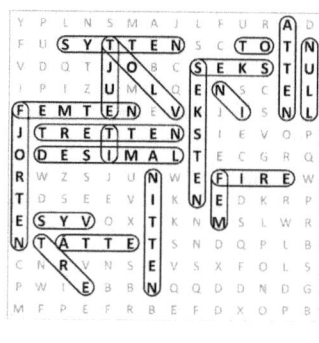

17 - Cioccolato

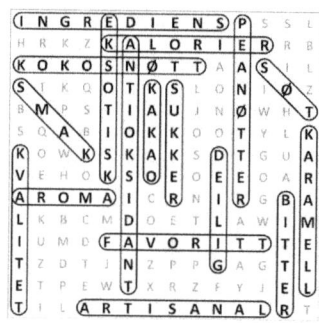

18 - Guida

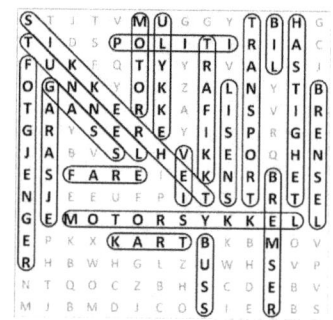

19 - Sport

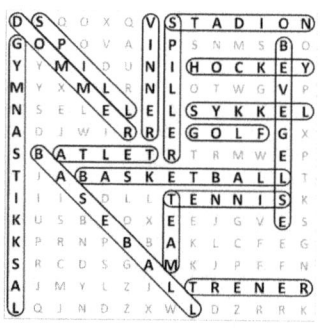

20 - Giocattoli

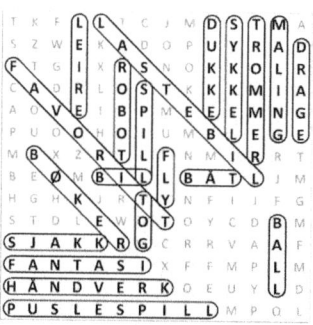

21 - Strumenti di Cottura

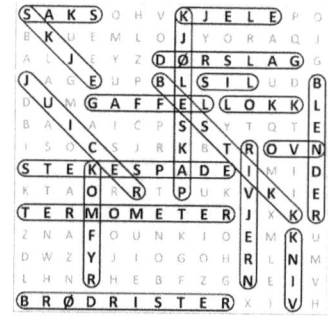

22 - Uccelli

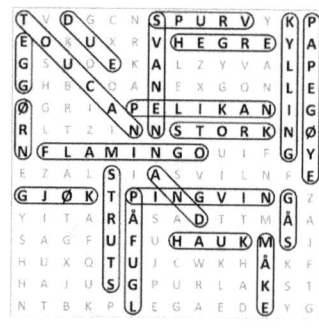

23 - Giorni e Mesi

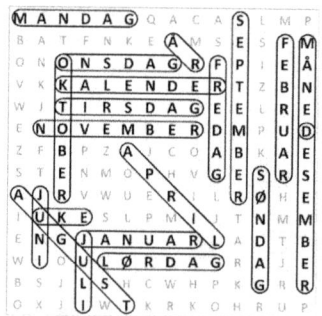

24 - Casa

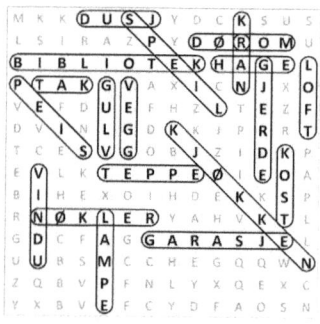

25 - Ristorante #1

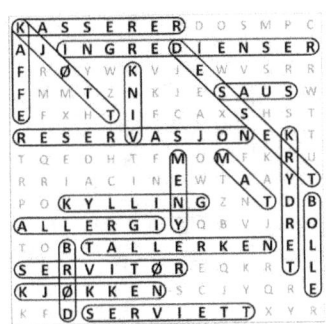

26 - Fantascienza

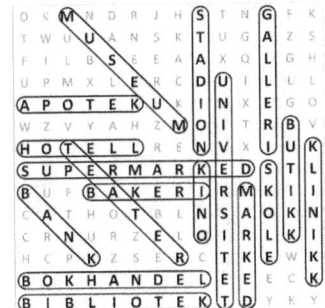

27 - Città

28 - Virtù #1

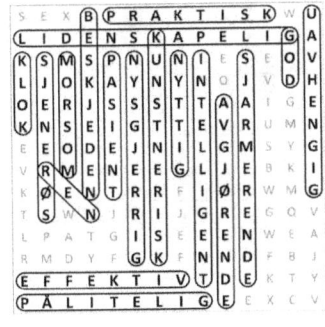

29 - Compleanno

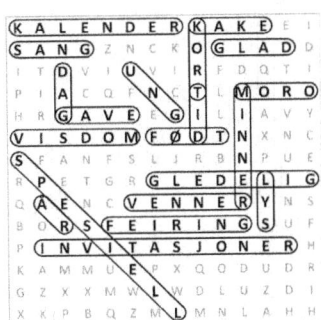

30 - Fattoria #1

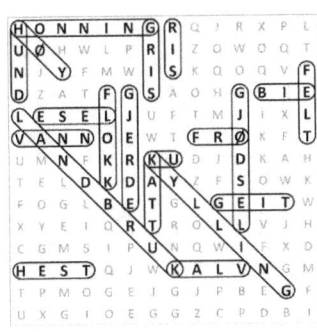

31 - Paesaggi

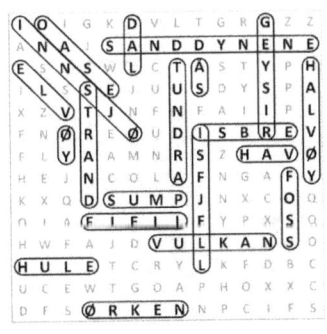

32 - Ristorante #2

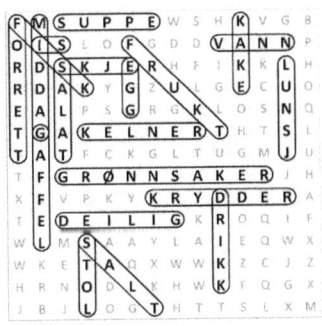

33 - Giardino

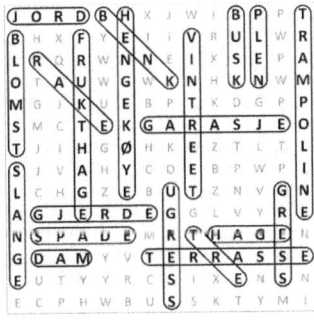

34 - Frutta

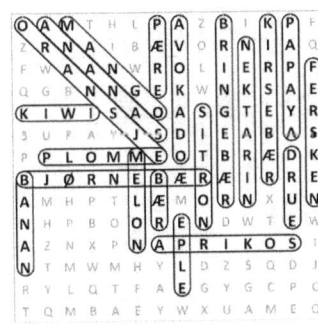

35 - Fattoria #2

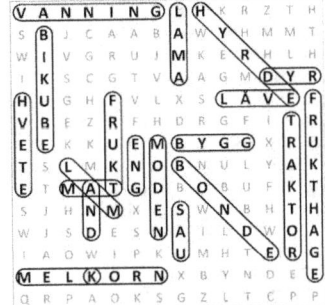

36 - Dinosauri

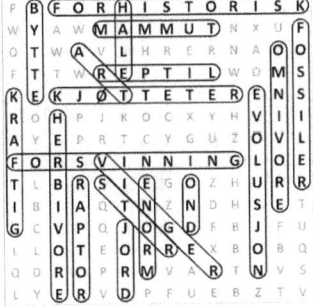

37 - Verdure

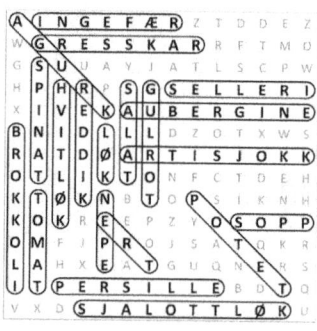

38 - Scuola #2

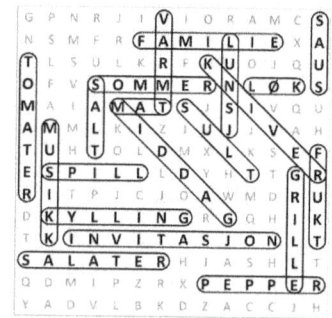

39 - Barbecue

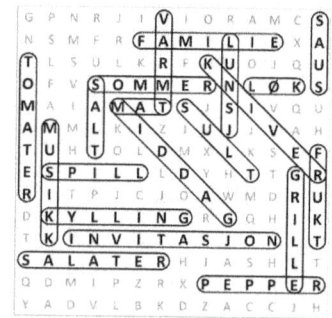

40 - Riempire

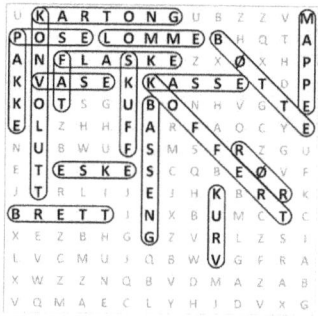

41 - Insetti

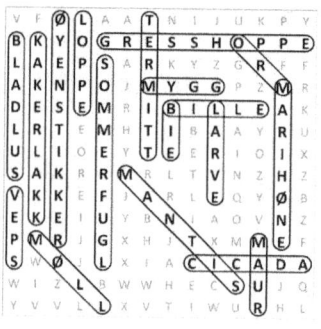

42 - Erboristeria

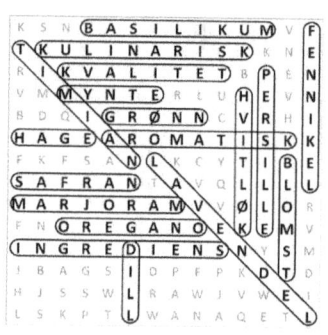

43 - Danza

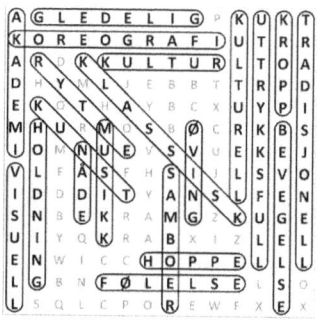

44 - Scuola #1

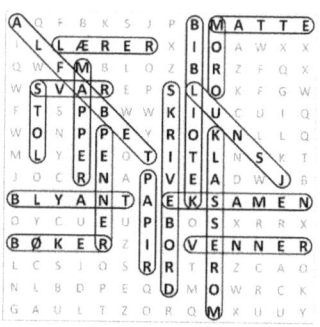

45 - Fiori

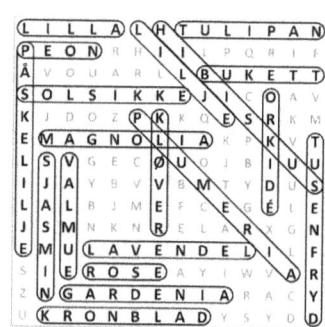

46 - Ecologia

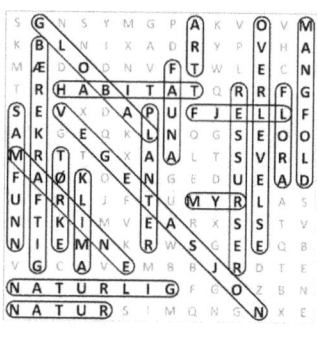

47 - Discipline Scientifiche

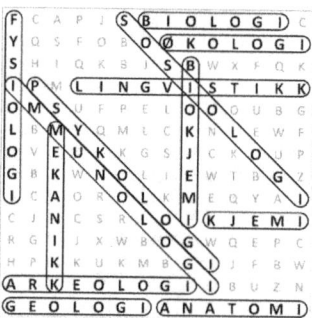

48 - Scienza

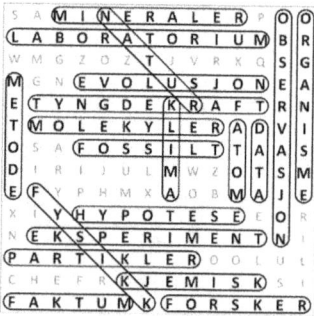

49 - Acqua

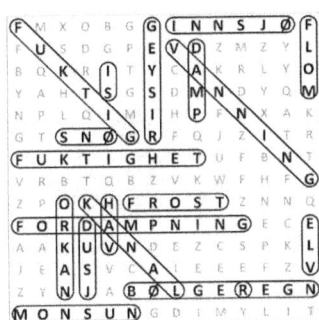

50 - Gatti

51 - Surf

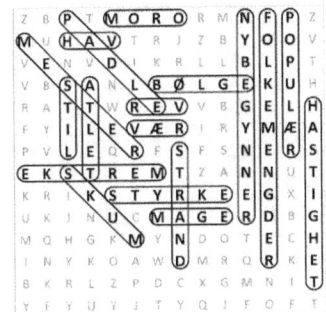

52 - Imbarcazioni

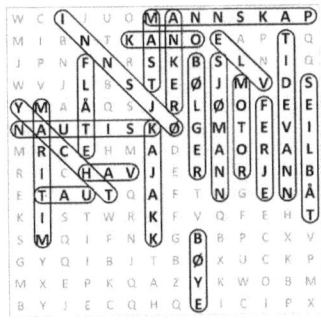

53 - Api

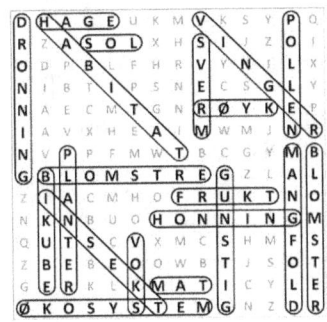

54 - Conservazione

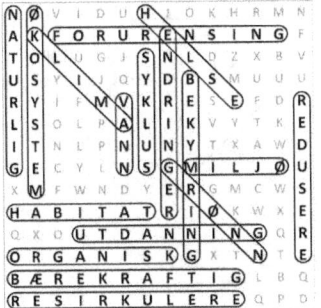

55 - Strumenti Musicali

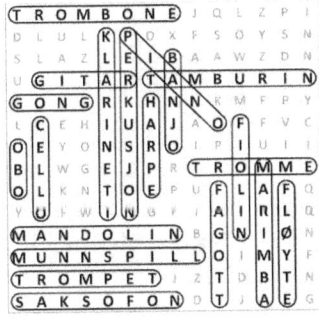

56 - Professioni #2

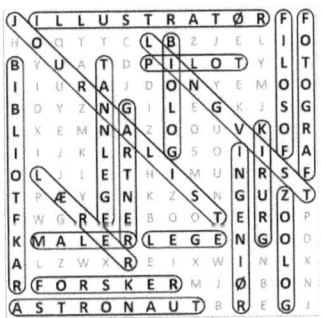

57 - Letteratura

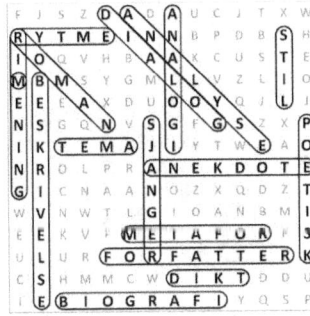

58 - Cibo #2

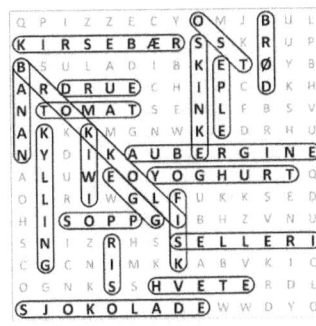

59 - Nutrizione

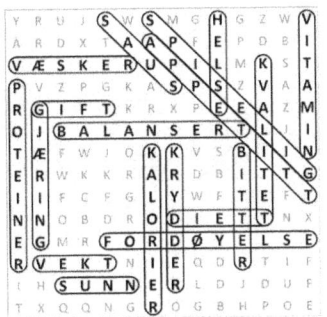

60 - Matematica

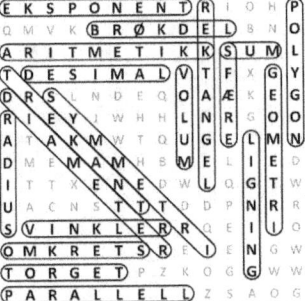

61 - Meditazione

62 - Estate

63 - Escursionismo

64 - Professioni #1

65 - Antartide

66 - Libri

67 - Geografia

68 - Cibo #1

69 - Aeroplani

70 - Pirati

71 - Colori

72 - Suoni

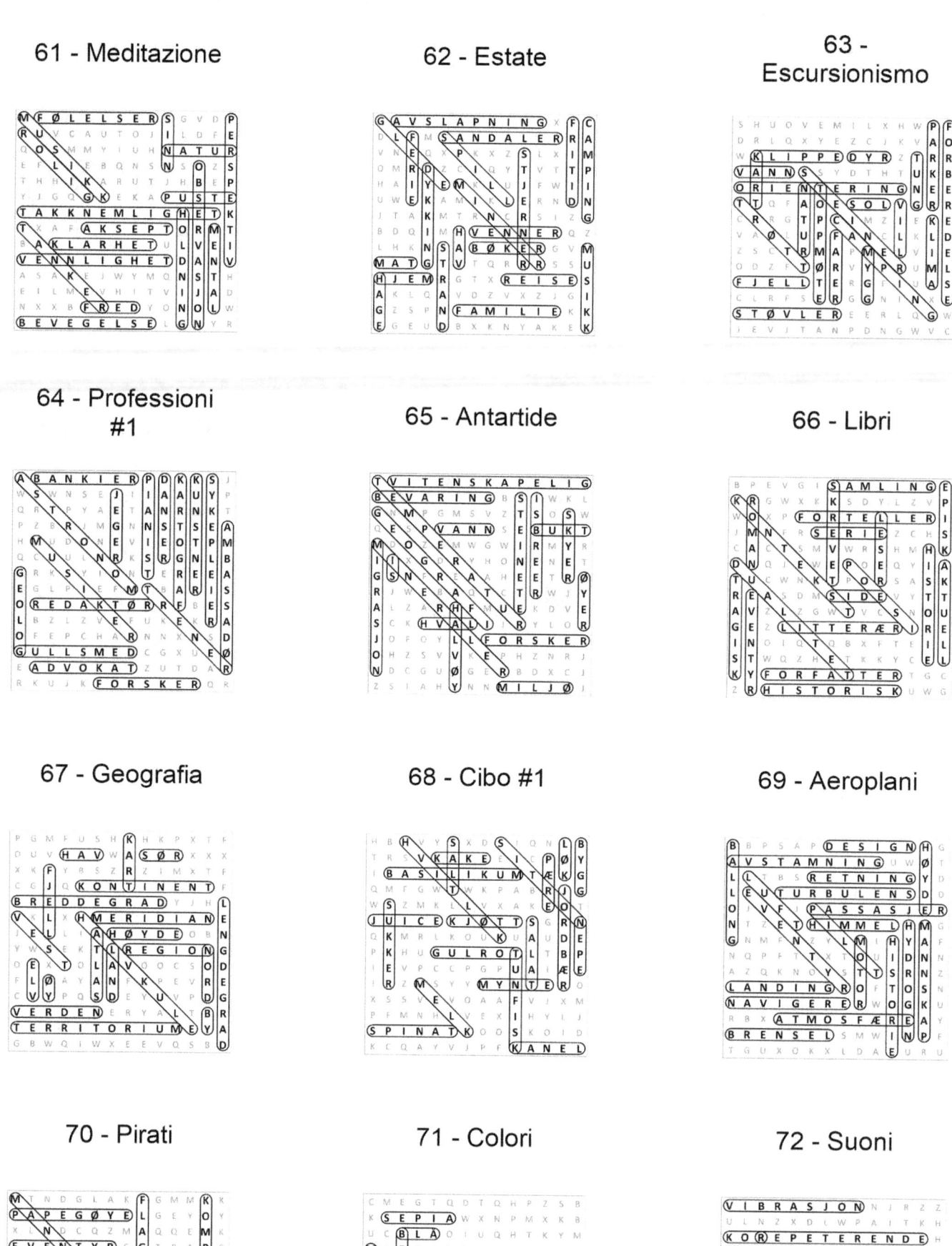

73 - Avventura

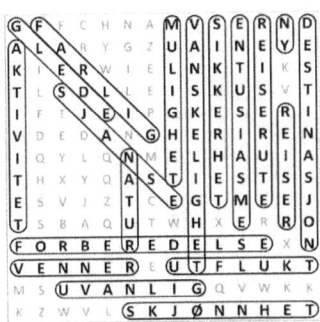

74 - Forme

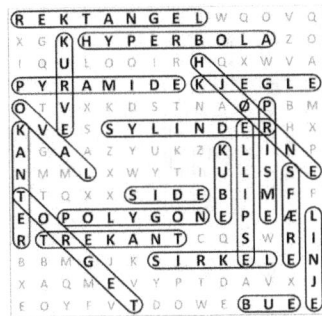

75 - Oceano

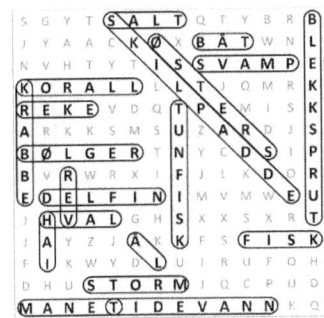

76 - Famiglia

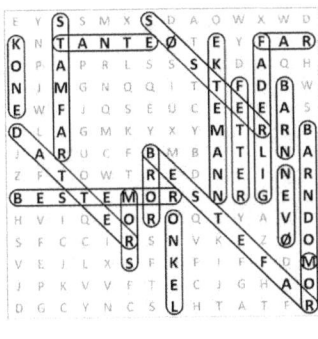

77 - Veicoli

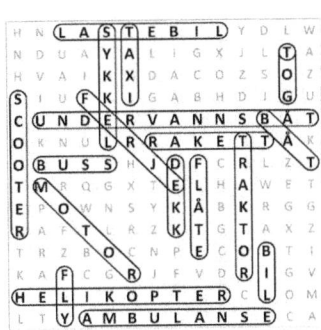

78 - Emozioni

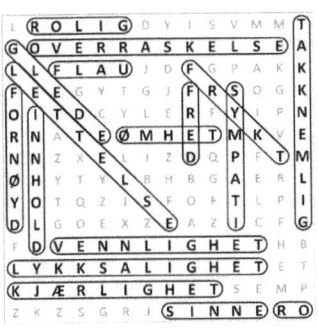

79 - Natura

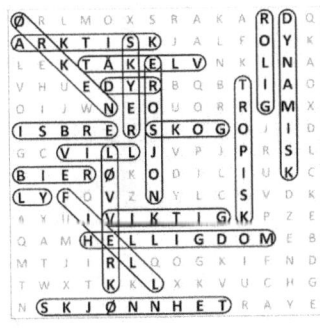

80 - Balletto

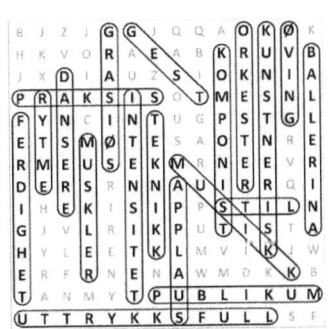

81 - Castelli

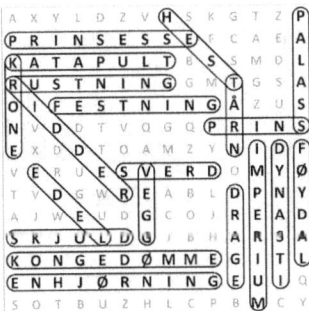

82 - Campionato

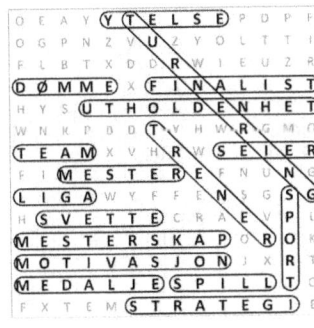

83 - Foresta Pluviale

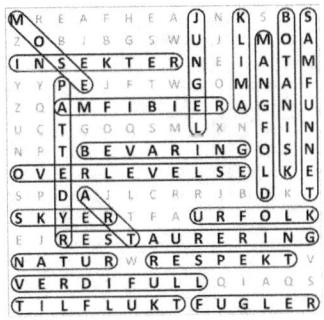

84 - Edifici

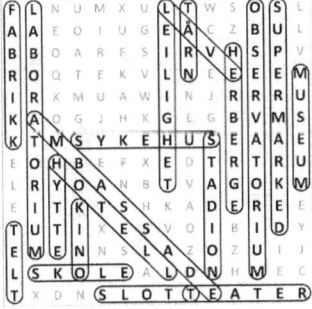

85 - Paesi #2

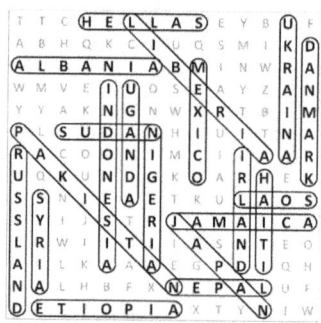

86 - Tipi di Capelli

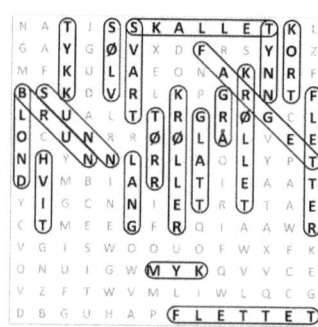

87 - Vestiti

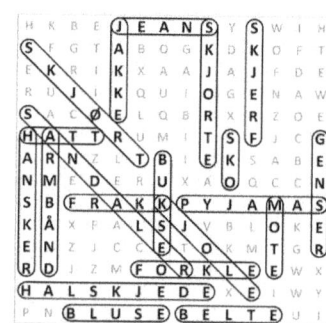

88 - Attività e Tempo Libero

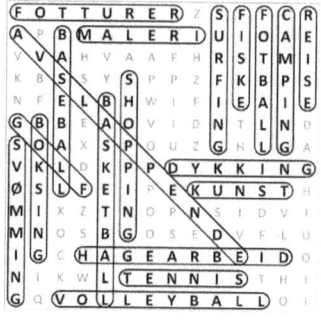

89 - Tecnologia

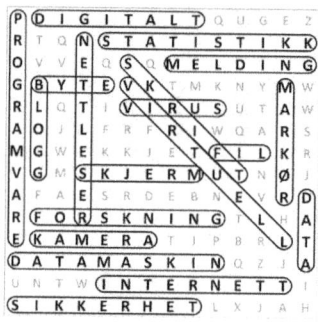

90 - Arte

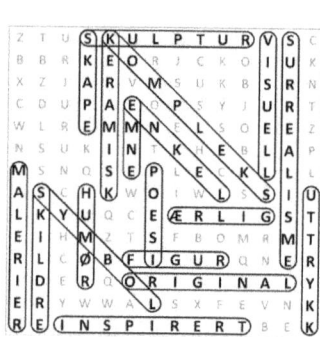

91 - Meteo

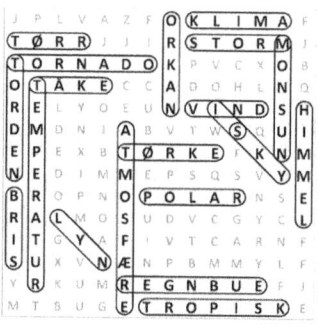

92 - Corpo Umano

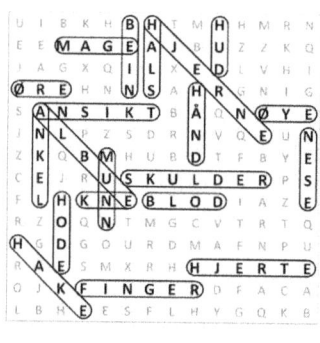

93 - Mammiferi

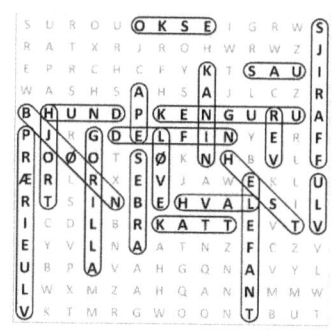

94 - Arrampicata

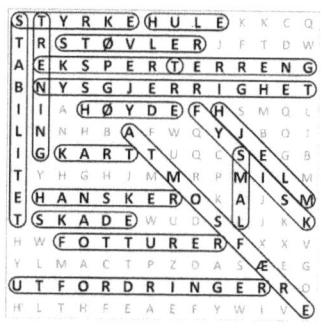

95 - Animali Domestici

96 - Cucina

97 - Vacanze #2

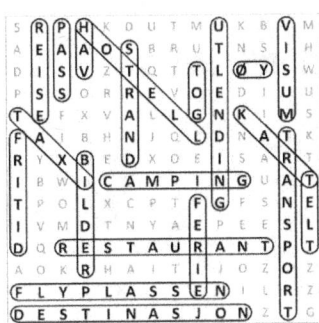

98 - Attività

99 - Forniture Artistiche

100 - Misurazioni

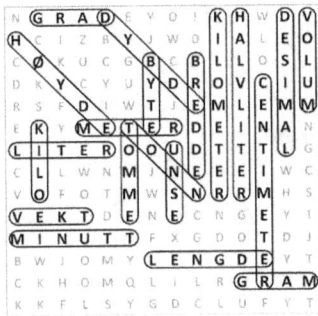

Dizionario

Acqua
Vann

Alluvione	Flom
Canale	Kanal
Doccia	Dusj
Evaporazione	Fordampning
Fiume	Elv
Gelo	Frost
Geyser	Geysir
Ghiaccio	Is
Irrigazione	Vanning
Lago	Innsjø
Monsone	Monsun
Neve	Snø
Oceano	Hav
Onde	Bølger
Pioggia	Regn
Umidità	Fuktighet
Umido	Fuktig
Uragano	Orkan
Vapore	Damp

Aeroplani
Fly

Altezza	Høyde
Aria	Luft
Atmosfera	Atmosfære
Atterraggio	Landing
Avventura	Eventyr
Carburante	Brensel
Cielo	Himmel
Costruzione	Konstruksjon
Design	Design
Direzione	Retning
Discesa	Avstamning
Equipaggio	Mannskap
Idrogeno	Hydrogen
Motore	Motor
Navigare	Navigere
Palloncino	Ballong
Passeggero	Passasjer
Pilota	Pilot
Storia	Historie
Turbolenza	Turbulens

Aggettivi #1
Adjektiver #1

Ambizioso	Ambisiøs
Aromatico	Aromatisk
Artistico	Kunstnerisk
Assoluto	Absolutt
Attivo	Aktiv
Enorme	Enorm
Esotico	Eksotisk
Generoso	Sjenerøs
Giovane	Ung
Grande	Stor
Identico	Identisk
Importante	Viktig
Lento	Langsom
Lungo	Lang
Moderno	Moderne
Onesto	Ærlig
Perfetto	Perfekt
Pesante	Tung
Prezioso	Verdifull
Sottile	Tynn

Aggettivi #2
Adjektiver #2

Affamato	Sulten
Asciutto	Tørr
Autentico	Autentisk
Creativo	Kreativ
Descrittivo	Beskrivende
Dolce	Søt
Drammatico	Dramatisk
Elegante	Elegant
Famoso	Berømt
Forte	Sterk
Interessante	Interessant
Naturale	Naturlig
Normale	Normal
Nuovo	Ny
Orgoglioso	Stolt
Produttivo	Produktiv
Puro	Ren
Responsabile	Ansvarlig
Salato	Salt
Sano	Sunn

Animali Domestici
Kjæledyr

Acqua	Vann
Artigli	Klør
Cane	Hund
Capra	Geit
Cibo	Mat
Coda	Hale
Collare	Krage
Coniglio	Kanin
Criceto	Hamster
Cucciolo	Valp
Gattino	Kattunge
Gatto	Katt
Guinzaglio	Bånd
Lucertola	Øgle
Mucca	Ku
Pappagallo	Papegøye
Pesce	Fisk
Tartaruga	Skilpadde
Topo	Mus
Veterinario	Veterinær

Antartide
Antarktis

Acqua	Vann
Ambiente	Miljø
Baia	Bukt
Balene	Hval
Conservazione	Bevaring
Continente	Kontinent
Geografia	Geografi
Ghiacciai	Isbreer
Ghiaccio	Is
Isole	Øyer
Migrazione	Migrasjon
Minerali	Mineraler
Nuvole	Skyer
Penisola	Halvøy
Ricercatore	Forsker
Roccioso	Steinete
Scientifico	Vitenskapelig
Spedizione	Ekspedisjon
Temperatura	Temperatur
Topografia	Topografi

Api
Bier

Ali	Vinger
Alveare	Bikube
Benefico	Gunstig
Cera	Voks
Cibo	Mat
Diversità	Mangfold
Ecosistema	Økosystem
Fiori	Blomster
Fiorire	Blomstre
Frutta	Frukt
Fumo	Røyk
Giardino	Hage
Habitat	Habitat
Insetto	Insekt
Miele	Honning
Piante	Planter
Polline	Pollen
Regina	Dronning
Sciame	Sverm
Sole	Sol

Arrampicata
Klatring

Altitudine	Høyde
Atmosfera	Atmosfære
Casco	Hjelm
Curiosità	Nysgjerrighet
Escursioni	Fotturer
Esperto	Ekspert
Fisico	Fysisk
Formazione	Trening
Forza	Styrke
Grotta	Hule
Guanti	Hansker
Lesione	Skade
Mappa	Kart
Sfide	Utfordringer
Stabilità	Stabilitet
Stivali	Støvler
Stretto	Smal
Terreno	Terreng

Arte
Kunst

Ceramica	Keramisk
Complesso	Kompleks
Composizione	Sammensetning
Creare	Skape
Dipinti	Malerier
Espressione	Uttrykk
Figura	Figur
Ispirato	Inspirert
Onesto	Ærlig
Originale	Original
Personale	Personlig
Poesia	Poesi
Ritrarre	Skildre
Scultura	Skulptur
Semplice	Enkel
Simbolo	Symbol
Soggetto	Emne
Surrealismo	Surrealisme
Umore	Humør
Visivo	Visuell

Arti Visive
Bildende Kunst

Architettura	Arkitektur
Argilla	Leire
Artista	Artist
Capolavoro	Mesterverk
Carbone	Kull
Cavalletto	Staffeli
Cera	Voks
Ceramica	Keramikk
Composizione	Sammensetning
Creatività	Kreativitet
Film	Film
Fotografia	Fotografi
Gesso	Kritt
Matita	Blyant
Penna	Penn
Prospettiva	Perspektiv
Ritratto	Portrett
Scultura	Skulptur
Stampino	Sjablong
Vernice	Lakk

Astronomia
Astronomi

Asteroide	Asteroide
Astronauta	Astronaut
Astronomo	Astronom
Cielo	Himmel
Cosmo	Kosmos
Costellazione	Konstellasjon
Equinozio	Equinox
Galassia	Galaxy
Gravità	Tyngdekraft
Luna	Måne
Meteora	Meteor
Nebulosa	Stjernetåke
Osservatorio	Observatorium
Pianeta	Planet
Radiazione	Stråling
Razzo	Rakett
Supernova	Supernova
Telescopio	Teleskop
Terra	Jord
Universo	Univers

Attività
Aktiviteter

Abilità	Ferdighet
Arte	Kunst
Artigianato	Håndverk
Attività	Aktivitet
Caccia	Jakt
Campeggio	Camping
Ceramica	Keramikk
Cucire	Sy
Danza	Dans
Escursioni	Fotturer
Fotografia	Fotografering
Giardinaggio	Hagearbeid
Giochi	Spill
Interessi	Interesser
Lettura	Lesing
Magia	Magi
Pesca	Fiske
Piacere	Glede
Rilassamento	Avslapning
Tempo Libero	Fritid

Attività e Tempo Libero
Aktiviteter og Fritid

Arte	Kunst
Baseball	Baseball
Basket	Basketball
Boxe	Boksing
Calcio	Fotball
Campeggio	Camping
Escursioni	Fotturer
Giardinaggio	Hagearbeid
Golf	Golf
Immersione	Dykking
Nuoto	Svømming
Pallavolo	Volleyball
Pesca	Fiske
Pittura	Maleri
Rilassante	Avslappende
Shopping	Shopping
Surf	Surfing
Tennis	Tennis
Viaggio	Reise

Avventura
Eventyr

Amici	Venner
Attività	Aktivitet
Bellezza	Skjønnhet
Caso	Sjanse
Destinazione	Destinasjon
Difficoltà	Vanskelighet
Entusiasmo	Entusiasme
Escursione	Utflukt
Gioia	Glede
Insolito	Uvanlig
Itinerario	Reiserute
Natura	Natur
Navigazione	Navigasjon
Nuovo	Ny
Opportunità	Mulighet
Pericoloso	Farlig
Preparazione	Forberedelse
Sfide	Utfordringer
Sicurezza	Sikkerhet
Viaggi	Reiser

Balletto
Ballett

Abilità	Ferdighet
Applauso	Applaus
Artistico	Kunstnerisk
Ballerina	Ballerina
Ballerini	Dansere
Compositore	Komponist
Coreografia	Koreografi
Espressivo	Uttrykksfull
Gesto	Gest
Grazioso	Grasiøs
Intensità	Intensitet
Muscoli	Muskler
Musica	Musikk
Orchestra	Orkester
Pratica	Praksis
Prova	Øving
Pubblico	Publikum
Ritmo	Rytme
Stile	Stil
Tecnica	Teknikk

Barbecue
Grilling

Caldo	Varmt
Cena	Middag
Cibo	Mat
Cipolle	Løk
Coltelli	Kniver
Estate	Sommer
Fame	Sult
Famiglia	Familie
Frutta	Frukt
Giochi	Spill
Griglia	Grille
Insalate	Salater
Invito	Invitasjon
Musica	Musikk
Pepe	Pepper
Pollo	Kylling
Pomodori	Tomater
Pranzo	Lunsj
Sale	Salt
Salsa	Saus

Campeggio
Camping

Alberi	Trær
Amaca	Hengekøye
Animali	Dyr
Avventura	Eventyr
Bussola	Kompass
Cabina	Hytte
Caccia	Jakt
Canoa	Kano
Cappello	Hatt
Corda	Tau
Divertimento	Moro
Foresta	Skog
Fuoco	Brann
Insetto	Insekt
Lago	Innsjø
Luna	Måne
Mappa	Kart
Montagna	Fjell
Natura	Natur
Tenda	Telt

Campionato
Mesterskapet

Allenatore	Trener
Campionato	Mesterskap
Campione	Mester
Finalista	Finalist
Giochi	Spill
Giudice	Dømme
Lega	Liga
Medaglia	Medalje
Motivazione	Motivasjon
Prestazione	Ytelse
Resistenza	Utholdenhet
Sportivo	Sport
Squadra	Team
Strategia	Strategi
Sudore	Svette
Torneo	Turnering
Vittoria	Seier

Casa
Hus

Attico	Loft
Biblioteca	Bibliotek
Camera	Rom
Camino	Peis
Chiavi	Nøkler
Cucina	Kjøkken
Doccia	Dusj
Finestra	Vindu
Garage	Garasje
Giardino	Hage
Lampada	Lampe
Parete	Vegg
Pavimento	Gulv
Porta	Dør
Recinto	Gjerde
Rubinetto	Kran
Scopa	Kost
Specchio	Speil
Tappeto	Teppe
Tetto	Tak

Castelli
Slott

Armatura	Rustning
Catapulta	Katapult
Cavaliere	Ridder
Cavallo	Hest
Corona	Krone
Dinastia	Dynasti
Drago	Drage
Feudale	Føydal
Fortezza	Festning
Impero	Imperium
Nobile	Edel
Palazzo	Palass
Parete	Vegg
Principe	Prins
Principessa	Prinsesse
Regno	Kongedømme
Scudo	Skjold
Spada	Sverd
Torre	Tårn
Unicorno	Enhjørning

Cibo #1
Mat #1

Aglio	Hvitløk
Basilico	Basilikum
Cannella	Kanel
Carne	Kjøtt
Carota	Gulrot
Cipolla	Løk
Fragola	Jordbær
Insalata	Salat
Latte	Melk
Limone	Sitron
Menta	Mynte
Orzo	Bygg
Pera	Pære
Rapa	Nepe
Sale	Salt
Spinaci	Spinat
Succo	Juice
Tonno	Tunfisk
Torta	Kake
Zucchero	Sukker

Cibo #2
Mat #2

Banana	Banan
Broccolo	Brokkoli
Ciliegia	Kirsebær
Cioccolato	Sjokolade
Formaggio	Ost
Fungo	Sopp
Grano	Hvete
Kiwi	Kiwi
Mela	Eple
Melanzana	Aubergine
Pane	Brød
Pesce	Fisk
Pollo	Kylling
Pomodoro	Tomat
Prosciutto	Skinke
Riso	Ris
Sedano	Selleri
Uovo	Egg
Uva	Drue
Yogurt	Yoghurt

Cioccolato
Sjokolade

Amaro	Bitter
Antiossidante	Antioksidant
Arachidi	Peanøtter
Aroma	Aroma
Artigianale	Artisanal
Cacao	Kakao
Calorie	Kalorier
Caramello	Karamell
Delizioso	Deilig
Dolce	Søt
Esotico	Eksotisk
Gusto	Smak
Ingrediente	Ingrediens
Noce di Cocco	Kokosnøtt
Preferito	Favoritt
Qualità	Kvalitet
Ricetta	Oppskrift
Zucchero	Sukker

Circo
Sirkus

Acrobata	Akrobat
Animali	Dyr
Biglietto	Billett
Clown	Klovn
Costume	Kostyme
Elefante	Elefant
Giocoliere	Sjonglør
Intrattenere	Underholde
Leone	Løve
Magia	Magi
Mago	Magiker
Musica	Musikk
Palloncini	Ballonger
Parata	Parade
Scimmia	Ape
Spettacolare	Spektakulær
Spettatore	Tilskuer
Tenda	Telt
Tigre	Tiger
Trucco	Triks

Città
Byen

Aeroporto	Flyplassen
Banca	Bank
Biblioteca	Bibliotek
Cinema	Kino
Clinica	Klinikk
Farmacia	Apotek
Galleria	Galleri
Hotel	Hotell
Libreria	Bokhandel
Mercato	Marked
Museo	Museum
Negozio	Butikk
Panetteria	Bakeri
Ristorante	Restaurant
Scuola	Skole
Stadio	Stadion
Supermercato	Supermarked
Teatro	Teater
Università	Universitet
Zoo	Dyrehage

Colori
Farger

Arancia	Oransje
Beige	Beige
Bianco	Hvit
Blu	Blå
Ciano	Cyan
Fucsia	Fuchsia
Giallo	Gul
Grigio	Grå
Indaco	Indigo
Magenta	Magenta
Marrone	Brun
Nero	Svart
Rosa	Rosa
Rosso	Rød
Seppia	Sepia
Verde	Grønn
Viola	Lilla

Compleanno
Fødselsdag

Amici	Venner
Anno	År
Calendario	Kalender
Candele	Lys
Canzone	Sang
Carte	Kort
Celebrazione	Feiring
Divertimento	Moro
Felice	Glad
Gioioso	Gledelig
Giorno	Dag
Giovane	Ung
Inviti	Invitasjoner
Nato	Født
Regalo	Gave
Ricordi	Minner
Saggezza	Visdom
Speciale	Spesiell
Tempo	Tid
Torta	Kake

Conservazione
Bevaring

Acqua	Vann
Ambientale	Miljø
Cambiamenti	Endringer
Ciclo	Syklus
Clima	Klima
Ecosistema	Økosystem
Educazione	Utdanning
Habitat	Habitat
Inquinamento	Forurensing
Naturale	Naturlig
Organico	Organisk
Preoccupazione	Bekymring
Riciclare	Resirkulere
Ridurre	Redusere
Salute	Helse
Sostenibile	Bærekraftig
Verde	Grønn
Volontario	Frivillig

Corpo Umano
Menneskekroppen

Bocca	Munn
Caviglia	Ankel
Cervello	Hjerne
Collo	Hals
Cuore	Hjerte
Dito	Finger
Faccia	Ansikt
Gamba	Bein
Ginocchio	Kne
Gomito	Albue
Mano	Hånd
Mento	Hake
Naso	Nese
Occhio	Øye
Orecchio	Øre
Pelle	Hud
Sangue	Blod
Spalla	Skulder
Stomaco	Mage
Testa	Hode

Cucina
Kjøkken

Bacchette	Spisepinner
Bollitore	Kjele
Brocca	Mugge
Cibo	Mat
Ciotola	Bolle
Coltelli	Kniver
Congelatore	Fryser
Cucchiai	Skjeer
Forchette	Gafler
Forno	Ovn
Frigorifero	Kjøleskap
Grembiule	Forkle
Griglia	Grille
Mestolo	Øse
Ricetta	Oppskrift
Spezie	Krydder
Spugna	Svamp
Tazze	Kopper
Tovagliolo	Serviett
Vaso	Krukke

Danza
Danse

Accademia	Akademi
Arte	Kunst
Classico	Klassisk
Compagno	Samboer
Coreografia	Koreografi
Corpo	Kropp
Cultura	Kultur
Culturale	Kulturell
Emozione	Følelse
Espressivo	Uttrykksfull
Gioioso	Gledelig
Grazia	Nåde
Movimento	Bevegelse
Musica	Musikk
Postura	Holdning
Prova	Øving
Ritmo	Rytme
Salto	Hoppe
Tradizionale	Tradisjonell
Visivo	Visuell

Dinosauri
Dinosaurer

Ali	Vinger
Carnivoro	Kjøtteter
Coda	Hale
Enorme	Enorm
Erbivoro	Herbivore
Evoluzione	Evolusjon
Fossili	Fossiler
Grande	Stor
Mammut	Mammut
Onnivoro	Omnivore
Potente	Kraftig
Preda	Bytte
Preistorico	Forhistorisk
Rapace	Raptor
Rettile	Reptil
Scomparsa	Forsvinning
Specie	Art
Taglia	Størrelse
Terra	Jord
Vizioso	Ond

Discipline Scientifiche
Vitenskapelige Disipliner

Anatomia	Anatomi
Archeologia	Arkeologi
Astronomia	Astronomi
Biochimica	Biokjemi
Biologia	Biologi
Botanica	Botanikk
Chimica	Kjemi
Ecologia	Økologi
Fisiologia	Fysiologi
Geologia	Geologi
Immunologia	Immunologi
Linguistica	Lingvistikk
Meccanica	Mekanikk
Meteorologia	Meteorologi
Mineralogia	Mineralogi
Neurologia	Nevrologi
Psicologia	Psykologi
Sociologia	Sosiologi
Termodinamica	Termodynamikk
Zoologia	Zoologi

Ecologia
Økologi

Clima	Klima
Comunità	Samfunn
Diversità	Mangfold
Fauna	Fauna
Flora	Flora
Globale	Global
Habitat	Habitat
Marino	Marine
Montagne	Fjell
Natura	Natur
Naturale	Naturlig
Palude	Myr
Piante	Planter
Risorse	Ressurser
Siccità	Tørke
Sopravvivenza	Overlevelse
Sostenibile	Bærekraftig
Specie	Art
Vegetazione	Vegetasjon
Volontari	Frivillige

Edifici
Bygningsmasse

Ambasciata	Ambassade
Appartamento	Leilighet
Cabina	Hytte
Castello	Slott
Cinema	Kino
Fabbrica	Fabrikk
Fienile	Låve
Hotel	Hotell
Laboratorio	Laboratorium
Museo	Museum
Ospedale	Sykehus
Osservatorio	Observatorium
Ostello	Herberge
Scuola	Skole
Stadio	Stadion
Supermercato	Supermarked
Teatro	Teater
Tenda	Telt
Torre	Tårn
Università	Universitet

Emozioni
Følelser

Amore	Kjærlighet
Beatitudine	Lykksalighet
Calma	Rolig
Contenuto	Innhold
Gentilezza	Vennlighet
Gioia	Glede
Grato	Takknemlig
Imbarazzato	Flau
Noia	Kjedsomhet
Pace	Fred
Paura	Frykt
Rabbia	Sinne
Rilassato	Avslappet
Rilievo	Lettelse
Simpatia	Sympati
Soddisfatto	Fornøyd
Sorpresa	Overraskelse
Tenerezza	Ømhet
Tranquillità	Ro
Tristezza	Tristhet

Erboristeria
Urtemedisin

Aglio	Hvitløk
Aneto	Dill
Aromatico	Aromatisk
Basilico	Basilikum
Culinario	Kulinarisk
Dragoncello	Estragon
Finocchio	Fennikel
Fiore	Blomst
Giardino	Hage
Ingrediente	Ingrediens
Lavanda	Lavendel
Maggiorana	Marjoram
Menta	Mynte
Origano	Oregano
Prezzemolo	Persille
Qualità	Kvalitet
Rosmarino	Rosmarin
Timo	Timian
Verde	Grønn
Zafferano	Safran

Escursionismo
Vandring

Acqua	Vann
Animali	Dyr
Campeggio	Camping
Clima	Klima
Mappa	Kart
Montagna	Fjell
Natura	Natur
Orientamento	Orientering
Parchi	Parker
Pericoli	Farer
Pesante	Tung
Pietre	Steiner
Preparazione	Forberedelse
Scogliera	Klippe
Selvaggio	Vill
Sole	Sol
Stanco	Trøtt
Stivali	Støvler
Vertice	Toppmøte
Zanzare	Mygg

Esplorazione
Utforskning

Animali	Dyr
Attività	Aktivitet
Coraggio	Mot
Culture	Kulturer
Determinazione	Besluttsomhet
Esaurimento	Utmattelse
Lingua	Språk
Nuovo	Ny
Pericoli	Farer
Pericoloso	Farefull
Ricerca	Oppdrag
Sconosciuto	Ukjent
Scoperta	Oppdagelse
Selvaggio	Vill
Spazio	Rom
Terreno	Terreng
Viaggio	Reise

Estate
Sommer

Amici	Venner
Campeggio	Camping
Casa	Hjem
Cibo	Mat
Famiglia	Familie
Giardino	Hage
Giochi	Spill
Gioia	Glede
Immersione	Dykking
Libri	Bøker
Mare	Hav
Musica	Musikk
Ricordi	Minner
Rilassamento	Avslapning
Sandali	Sandaler
Spiaggia	Strand
Stelle	Stjerner
Tempo Libero	Fritid
Vacanza	Ferie
Viaggio	Reise

Famiglia
Familien

Antenato	Stamfar
Bambino	Barn
Cugino	Fetter
Figlia	Datter
Fratello	Bror
Infanzia	Barndom
Madre	Mor
Marito	Ektemann
Materno	Mors
Moglie	Kone
Nipote	Nevø
Nonna	Bestemor
Nonno	Bestefar
Padre	Far
Paterno	Faderlig
Sorella	Søster
Zia	Tante
Zio	Onkel

Fantascienza
Science Fiction

Atomico	Atom
Cinema	Kino
Distopia	Dystopi
Esplosione	Eksplosjon
Estremo	Ekstrem
Fantastico	Fantastisk
Fuoco	Brann
Futuristico	Futuristisk
Galassia	Galaxy
Illusione	Illusjon
Immaginario	Innbilt
Libri	Bøker
Misterioso	Mystisk
Mondo	Verden
Oracolo	Orakel
Pianeta	Planet
Realistico	Realistisk
Robot	Roboter
Tecnologia	Teknologi
Utopia	Utopi

Fattoria #1
Gården #1

Acqua	Vann
Agricoltura	Landbruk
Ape	Bie
Asino	Esel
Campo	Felt
Cane	Hund
Capra	Geit
Cavallo	Hest
Fertilizzante	Gjødsel
Fieno	Høy
Gatto	Katt
Gregge	Flokk
Maiale	Gris
Miele	Honning
Mucca	Ku
Pollo	Kylling
Recinto	Gjerde
Riso	Ris
Semi	Frø
Vitello	Kalv

Fattoria #2
Gården #2

Agnello	Lam
Agricoltore	Bonde
Alveare	Bikube
Anatra	And
Animali	Dyr
Cibo	Mat
Fienile	Låve
Frutta	Frukt
Frutteto	Frukthage
Grano	Hvete
Irrigazione	Vanning
Lama	Lama
Latte	Melk
Mais	Korn
Maturo	Moden
Orzo	Bygg
Pastore	Hyrde
Pecora	Sau
Prato	Eng
Trattore	Traktor

Fiori
Blomster

Gardenia	Gardenia
Gelsomino	Sjasmin
Giglio	Lilje
Girasole	Solsikke
Ibisco	Hibiskus
Lavanda	Lavendel
Lilla	Lilla
Magnolia	Magnolia
Margherita	Tusenfryd
Mazzo	Bukett
Narciso	Påskelilje
Orchidea	Orkidé
Papavero	Valmue
Passiflora	Pasjonsblomst
Peonia	Peon
Petalo	Kronblad
Plumeria	Plumeria
Rosa	Rose
Trifoglio	Kløver
Tulipano	Tulipan

Foresta Pluviale
Regnskogen

Anfibi	Amfibier
Botanico	Botanisk
Clima	Klima
Comunità	Samfunnet
Diversità	Mangfold
Giungla	Jungel
Indigeno	Urfolk
Insetti	Insekter
Mammiferi	Pattedyr
Muschio	Mose
Natura	Natur
Nuvole	Skyer
Preservazione	Bevaring
Prezioso	Verdifull
Restauro	Restaurering
Rifugio	Tilflukt
Rispetto	Respekt
Sopravvivenza	Overlevelse
Specie	Art
Uccelli	Fugler

Forme
Former

Angolo	Hjørne
Arco	Bue
Bordi	Kanter
Cerchio	Sirkel
Cilindro	Sylinder
Cono	Kjegle
Cubo	Kube
Curva	Kurve
Ellisse	Ellipse
Iperbole	Hyperbola
Lato	Side
Linea	Linje
Ovale	Oval
Piramide	Pyramide
Poligono	Polygon
Prisma	Prisme
Quadrato	Torget
Rettangolo	Rektangel
Sfera	Sfære
Triangolo	Trekant

Forniture Artistiche
Kunst Forsyninger

Acqua	Vann
Acquerelli	Akvareller
Acrilico	Akryl
Argilla	Leire
Carbone	Kull
Carta	Papir
Cavalletto	Staffeli
Colla	Lim
Colori	Farger
Creatività	Kreativitet
Gomma	Viskelær
Idee	Ideer
Inchiostro	Blekk
Matite	Blyanter
Olio	Olje
Sedia	Stol
Spazzole	Børster
Tavolo	Bord
Telecamera	Kamera
Vernici	Maling

Frutta
Frukt

Albicocca	Aprikos
Ananas	Ananas
Arancia	Oransje
Avocado	Avokado
Bacca	Bær
Banana	Banan
Ciliegia	Kirsebær
Kiwi	Kiwi
Lampone	Bringebær
Limone	Sitron
Mango	Mango
Mela	Eple
Melone	Melon
Mora	Bjørnebær
Nettarina	Nektarin
Papaia	Papaya
Pera	Pære
Pesca	Fersken
Prugna	Plomme
Uva	Drue

Gatti
Katter

Affettuoso	Kjærlig
Artiglio	Klo
Cacciatore	Jeger
Coda	Hale
Curioso	Nysgjerrig
Divertente	Morsom
Dormire	Søvn
Filo	Garn
Giocoso	Leken
Indipendente	Uavhengig
Pazzo	Gal
Pelliccia	Pels
Personalità	Personlighet
Selvaggio	Vill
Timido	Sjenert
Topo	Mus
Zampa	Pote

Geografia
Geografi

Altitudine	Høyde
Atlante	Atlas
Città	By
Continente	Kontinent
Emisfero	Halvkule
Fiume	Elv
Isola	Øy
Latitudine	Breddegrad
Longitudine	Lengdegrad
Mappa	Kart
Mare	Hav
Meridiano	Meridian
Mondo	Verden
Montagna	Fjell
Nord	Nord
Ovest	Vest
Paese	Land
Regione	Region
Sud	Sør
Territorio	Territorium

Geologia
Geologi

Acido	Syre
Altopiano	Platå
Calcio	Kalsium
Caverna	Hule
Continente	Kontinent
Corallo	Korall
Cristalli	Crystal
Erosione	Erosjon
Fossile	Fossilt
Geyser	Geysir
Lava	Lava
Minerali	Mineraler
Pietra	Stein
Quarzo	Kvarts
Sale	Salt
Stalagmiti	Stalagmitter
Stalattite	Stalaktitt
Strato	Lag
Terremoto	Jordskjelv
Vulcano	Vulkan

Giardino
Hage

Albero	Tre
Amaca	Hengekøye
Cespuglio	Busk
Erba	Gress
Erbacce	Ugress
Fiore	Blomst
Frutteto	Frukthage
Garage	Garasje
Giardino	Hage
Pala	Spade
Panca	Benk
Prato	Plen
Rastrello	Rake
Recinto	Gjerde
Stagno	Dam
Suolo	Jord
Terrazza	Terrasse
Trampolino	Trampoline
Tubo	Slange
Vite	Vintreet

Giocattoli
Leker

Aereo	Fly
Aquilone	Drage
Argilla	Leire
Artigianato	Håndverk
Auto	Bil
Bambola	Dukke
Barca	Båt
Batteria	Trommer
Bicicletta	Sykkel
Camion	Lastebil
Giochi	Spill
Immaginazione	Fantasi
Libri	Bøker
Palla	Ball
Preferito	Favoritt
Puzzle	Puslespill
Robot	Robot
Scacchi	Sjakk
Treno	Tog
Vernici	Maling

Giorni e Mesi
Dager og Måneder

Agosto	August
Anno	År
Aprile	April
Calendario	Kalender
Dicembre	Desember
Domenica	Søndag
Febbraio	Februar
Gennaio	Januar
Giugno	Juni
Luglio	Juli
Lunedì	Mandag
Martedì	Tirsdag
Mercoledì	Onsdag
Mese	Måned
Novembre	November
Ottobre	Oktober
Sabato	Lørdag
Settembre	September
Settimana	Uke
Venerdì	Fredag

Guida
Kjøring

Auto	Bil
Autobus	Buss
Carburante	Brensel
Freni	Bremser
Garage	Garasje
Gas	Gass
Incidente	Ulykke
Licenza	Lisens
Mappa	Kart
Moto	Motorsykkel
Motore	Motor
Pedonale	Fotgjenger
Pericolo	Fare
Polizia	Politi
Sicurezza	Sikkerhet
Strada	Vei
Traffico	Trafikk
Trasporto	Transport
Tunnel	Tunnel
Velocità	Hastighet

Imbarcazioni
Båter

Albero	Mast
Ancora	Anker
Barca a Vela	Seilbåt
Boa	Bøye
Canoa	Kano
Corda	Tau
Equipaggio	Mannskap
Fiume	Elv
Kayak	Kajakk
Lago	Innsjø
Mare	Hav
Marea	Tidevann
Marinaio	Sjømann
Marittimo	Maritim
Motore	Motor
Nautico	Nautisk
Onde	Bølger
Traghetto	Ferje
Yacht	Yacht
Zattera	Flåte

Insetti
Insekter

Afide	Bladlus
Ape	Bie
Cavalletta	Gresshoppe
Cicala	Cicada
Coccinella	Marihøne
Coleottero	Bille
Falena	Møll
Farfalla	Sommerfugl
Formica	Maur
Larva	Larve
Libellula	Øyenstikker
Mantide	Mantis
Pulce	Loppe
Scarafaggio	Kakerlakk
Termite	Termitt
Verme	Orm
Vespa	Veps
Zanzara	Mygg

Letteratura
Litteratur

Analisi	Analyse
Analogia	Analogi
Aneddoto	Anekdote
Autore	Forfatter
Biografia	Biografi
Conclusione	Konklusjon
Confronto	Sammenligning
Descrizione	Beskrivelse
Dialogo	Dialog
Genere	Sjanger
Metafora	Metafor
Opinione	Mening
Poesia	Dikt
Poetico	Poetisk
Rima	Rim
Ritmo	Rytme
Romanzo	Roman
Stile	Stil
Tema	Tema
Tragedia	Tragedie

Libri
Reserve

Autore	Forfatter
Avventura	Eventyr
Collezione	Samling
Contesto	Kontekst
Dualità	Dualitet
Epico	Episk
Inventivo	Oppfinnsom
Letterario	Litterær
Lettore	Leser
Narratore	Forteller
Pagina	Side
Poesia	Poesi
Rilevante	Aktuell
Romanzo	Roman
Scritto	Skrevet
Serie	Serie
Storia	Historie
Storico	Historisk
Tragico	Tragisk
Umoristico	Humoristisk

Mammiferi
Pattedyr

Balena	Hval
Cane	Hund
Canguro	Kenguru
Cavallo	Hest
Cervo	Hjort
Coniglio	Kanin
Coyote	Prærieulv
Delfino	Delfin
Elefante	Elefant
Gatto	Katt
Giraffa	Sjiraff
Gorilla	Gorilla
Leone	Løve
Lupo	Ulv
Orso	Bjørn
Pecora	Sau
Scimmia	Ape
Toro	Okse
Volpe	Rev
Zebra	Sebra

Matematica
Matematikk

Angoli	Vinkler
Aritmetica	Aritmetikk
Decimale	Desimal
Diametro	Diameter
Divisione	Divisjon
Equazione	Ligning
Esponente	Eksponent
Frazione	Brøkdel
Geometria	Geometri
Parallelo	Parallell
Perimetro	Omkrets
Poligono	Polygon
Quadrato	Torget
Raggio	Radius
Rettangolo	Rektangel
Sfera	Sfære
Simmetria	Symmetri
Somma	Sum
Triangolo	Trekant
Volume	Volum

Meditazione
Meditasjon

Accettazione	Aksept
Attenzione	Oppmerksomhet
Calma	Rolig
Chiarezza	Klarhet
Compassione	Medfølelse
Emozioni	Følelser
Gentilezza	Vennlighet
Gratitudine	Takknemlighet
Mentale	Mental
Mente	Sinn
Movimento	Bevegelse
Musica	Musikk
Natura	Natur
Osservazione	Observasjon
Pace	Fred
Pensieri	Tanker
Postura	Holdning
Prospettiva	Perspektiv
Respirazione	Puste
Silenzio	Stillhet

Meteo
Været

Arcobaleno	Regnbue
Asciutto	Tørr
Atmosfera	Atmosfære
Brezza	Bris
Cielo	Himmel
Clima	Klima
Fulmine	Lyn
Ghiaccio	Is
Monsone	Monsun
Nebbia	Tåke
Nube	Sky
Polare	Polar
Siccità	Tørke
Temperatura	Temperatur
Tempesta	Storm
Tornado	Tornado
Tropicale	Tropisk
Tuono	Torden
Uragano	Orkan
Vento	Vind

Misurazioni
Målinger

Altezza	Høyde
Byte	Byte
Centimetro	Centimeter
Chilogrammo	Kilo
Chilometro	Kilometer
Decimale	Desimal
Grado	Grad
Grammo	Gram
Larghezza	Bredde
Litro	Liter
Lunghezza	Lengde
Metro	Meter
Minuto	Minutt
Oncia	Unse
Peso	Vekt
Pinta	Halvliter
Pollice	Tomme
Profondità	Dybde
Tonnellata	Tonn
Volume	Volum

Mitologia
Mytologi

Archetipo	Arketype
Comportamento	Oppførsel
Creatura	Skapning
Creazione	Skapelse
Credenze	Tro
Cultura	Kultur
Disastro	Katastrofe
Eroe	Helt
Forza	Styrke
Fulmine	Lyn
Gelosia	Sjalusi
Guerriero	Kriger
Immortalità	Udødelighet
Labirinto	Labyrint
Leggenda	Legende
Magico	Magisk
Mortale	Dødelig
Mostro	Monster
Tuono	Torden
Vendetta	Hevn

Mobili
Innredning

Amaca	Hengekøye
Armoire	Armoire
Cuscini	Puter
Cuscino	Pute
Divano	Sofa
Futon	Futon
Lampada	Lampe
Letto	Seng
Libreria	Bokhylle
Materasso	Madrass
Panca	Benk
Poltrona	Lenestol
Scrivania	Skrivebord
Sedia	Stol
Specchio	Speil
Tappeto	Teppe
Tende	Gardiner

Natura
Naturen

Animali	Dyr
Api	Bier
Artico	Arktisk
Bellezza	Skjønnhet
Deserto	Ørken
Dinamico	Dynamisk
Erosione	Erosjon
Fiume	Elv
Fogliame	Løvverk
Foresta	Skog
Ghiacciaio	Isbre
Montagne	Fjell
Nebbia	Tåke
Nuvole	Skyer
Rifugio	Ly
Santuario	Helligdom
Selvaggio	Vill
Sereno	Rolig
Tropicale	Tropisk
Vitale	Viktig

Numeri
Antall

Cinque	Fem
Decimale	Desimal
Diciannove	Nitten
Diciassette	Sytten
Diciotto	Atten
Dieci	Ti
Dodici	Tolv
Due	To
Nove	Ni
Otto	Åtte
Quattordici	Fjorten
Quattro	Fire
Quindici	Femten
Sedici	Seksten
Sei	Seks
Sette	Syv
Tre	Tre
Tredici	Tretten
Venti	Tjue
Zero	Null

Nutrizione
Ernæring

Amaro	Bitter
Appetito	Appetitt
Bilanciato	Balansert
Calorie	Kalorier
Carboidrati	Karbohydrater
Commestibile	Spiselig
Dieta	Diett
Digestione	Fordøyelse
Fermentazione	Gjæring
Liquidi	Væsker
Nutriente	Næringsstoff
Peso	Vekt
Proteine	Proteiner
Qualità	Kvalitet
Salsa	Saus
Salute	Helse
Sano	Sunn
Spezie	Krydder
Tossina	Gift
Vitamina	Vitamin

Oceano
Havet

Anguilla	Ål
Balena	Hval
Barca	Båt
Corallo	Korall
Delfino	Delfin
Gamberetto	Reke
Granchio	Krabbe
Maree	Tidevann
Medusa	Manet
Onde	Bølger
Ostrica	Østers
Pesce	Fisk
Polpo	Blekksprut
Sale	Salt
Scogliera	Rev
Spugna	Svamp
Squalo	Hai
Tartaruga	Skilpadde
Tempesta	Storm
Tonno	Tunfisk

Paesaggi
Landskap

Cascata	Foss
Collina	Ås
Deserto	Ørken
Dune	Sanddynene
Fiume	Elv
Geyser	Geysir
Ghiacciaio	Isbre
Grotta	Hule
Iceberg	Isfjell
Isola	Øy
Lago	Innsjø
Mare	Hav
Montagna	Fjell
Oasi	Oase
Palude	Sump
Penisola	Halvøy
Spiaggia	Strand
Tundra	Tundra
Valle	Dal
Vulcano	Vulkan

Paesi #2
Land #2

Albania	Albania
Danimarca	Danmark
Etiopia	Etiopia
Giamaica	Jamaica
Giappone	Japan
Grecia	Hellas
Haiti	Haiti
Indonesia	Indonesia
Irlanda	Irland
Laos	Laos
Liberia	Liberia
Messico	Mexico
Nepal	Nepal
Nigeria	Nigeria
Pakistan	Pakistan
Russia	Russland
Siria	Syria
Sudan	Sudan
Ucraina	Ukraina
Uganda	Uganda

Pesca
Fiske

Acqua	Vann
Attrezzatura	Utstyr
Barca	Båt
Branchie	Gjeller
Cesto	Kurv
Cucinare	Kokk
Esagerazione	Overdrivelse
Esca	Agn
Filo	Ledning
Fiume	Elv
Gancio	Krok
Lago	Innsjø
Mascella	Kjeve
Oceano	Hav
Pazienza	Tålmodighet
Peso	Vekt
Pinne	Finnene
Spiaggia	Strand
Stagione	Årstid

Piante
Planter

Albero	Tre
Bacca	Bær
Bambù	Bambus
Botanica	Botanikk
Cactus	Kaktus
Cespuglio	Busk
Crescere	Vokse
Edera	Eføy
Erba	Gress
Fagiolo	Bønne
Fertilizzante	Gjødsel
Fiore	Blomst
Flora	Flora
Fogliame	Løvverk
Foresta	Skog
Giardino	Hage
Muschio	Mose
Petalo	Kronblad
Radice	Rot
Vegetazione	Vegetasjon

Pirati
Sjørøvere

Ancora	Anker
Avventura	Eventyr
Bandiera	Flagg
Bussola	Kompass
Capitano	Kaptein
Cattivo	Dårlig
Cicatrice	Arr
Equipaggio	Mannskap
Grotta	Hule
Isola	Øy
Leggenda	Legende
Mappa	Kart
Monete	Mynter
Oro	Gull
Pappagallo	Papegøye
Pericolo	Fare
Rum	Rom
Spada	Sverd
Spiaggia	Strand
Tesoro	Skatt

Professioni #1
Yrker # 1

Allenatore	Trener
Ambasciatore	Ambassadør
Artista	Kunstner
Astronomo	Astronom
Avvocato	Advokat
Ballerino	Danser
Banchiere	Bankier
Cacciatore	Jeger
Cartografo	Kartograf
Editore	Redaktør
Farmacista	Farmasøyt
Geologo	Geolog
Gioielliere	Gullsmed
Idraulico	Rørlegger
Infermiera	Sykepleier
Musicista	Musiker
Pianista	Pianist
Psicologo	Psykolog
Scienziato	Forsker
Veterinario	Veterinær

Professioni #2
Yrker # 2

Astronauta	Astronaut
Bibliotecario	Bibliotekar
Biologo	Biolog
Chirurgo	Kirurg
Dentista	Tannlege
Filosofo	Filosof
Fotografo	Fotograf
Giardiniere	Gartner
Giornalista	Journalist
Illustratore	Illustratør
Ingegnere	Ingeniør
Insegnante	Lærer
Inventore	Oppfinner
Investigatore	Etterforsker
Linguista	Lingvist
Medico	Lege
Pilota	Pilot
Pittore	Maler
Ricercatore	Forsker
Zoologo	Zoolog

Riempire
For å Fylle

Bacino	Basseng
Barile	Fat
Borsa	Pose
Bottiglia	Flaske
Busta	Konvolutt
Cartella	Mappe
Cartone	Kartong
Cassa	Kasse
Cassetto	Skuff
Cesto	Kurv
Pacchetto	Pakke
Scatola	Eske
Secchio	Bøtte
Tasca	Lomme
Tubo	Rør
Valigia	Koffert
Vaso	Vase
Vassoio	Brett

Ristorante #1
Restaurant #1

Allergia	Allergi
Caffè	Kaffe
Cameriera	Servitør
Carne	Kjøtt
Cassiere	Kasserer
Cibo	Mat
Ciotola	Bolle
Coltello	Kniv
Cucina	Kjøkken
Dessert	Dessert
Ingredienti	Ingredienser
Menù	Meny
Pane	Brød
Piatto	Tallerken
Piccante	Krydret
Pollo	Kylling
Prenotazione	Reservasjon
Salsa	Saus
Tovagliolo	Serviett

Ristorante #2
Restaurant # 2

Acqua	Vann
Aperitivo	Forrett
Bevanda	Drikk
Cameriere	Kelner
Cena	Middag
Cucchiaio	Skje
Delizioso	Deilig
Forchetta	Gaffel
Frutta	Frukt
Ghiaccio	Is
Insalata	Salat
Minestra	Suppe
Pesce	Fisk
Pranzo	Lunsj
Sale	Salt
Sedia	Stol
Spezie	Krydder
Torta	Kake
Uova	Egg
Verdure	Grønnsaker

Scacchi
Sjakk

Avversario	Motstander
Bianco	Hvit
Campione	Mester
Concorso	Konkurranse
Diagonale	Diagonal
Giocatore	Spiller
Gioco	Spill
Nero	Svart
Passivo	Passiv
Punti	Poeng
Re	Konge
Regina	Dronning
Regole	Regler
Sacrificio	Offer
Sfide	Utfordringer
Strategia	Strategi
Tempo	Tid
Torneo	Turnering

Scienza
Vitenskap

Atomo	Atom
Chimico	Kjemisk
Clima	Klima
Dati	Data
Esperimento	Eksperiment
Evoluzione	Evolusjon
Fatto	Faktum
Fisica	Fysikk
Fossile	Fossilt
Gravità	Tyngdekraft
Ipotesi	Hypotese
Laboratorio	Laboratorium
Metodo	Metode
Minerali	Mineraler
Molecole	Molekyler
Natura	Natur
Organismo	Organisme
Osservazione	Observasjon
Particelle	Partikler
Scienziato	Forsker

Scuola #1
Skole nr. 1

Alfabeto	Alfabet
Amici	Venner
Aula	Klasserom
Biblioteca	Bibliotek
Carta	Papir
Cartelle	Mapper
Divertimento	Moro
Esami	Eksamen
Insegnante	Lærer
Libri	Bøker
Matematica	Matte
Matita	Blyant
Penne	Penner
Pranzo	Lunsj
Risposte	Svar
Scrivania	Skrivebord
Sedia	Stol

Scuola #2
Skole nr. 2

Accademico	Akademisk
Autobus	Buss
Biblioteca	Bibliotek
Calendario	Kalender
Carta	Papir
Computer	Datamaskin
Dizionario	Ordbok
Educazione	Utdanning
Forbici	Saks
Giochi	Spill
Grammatica	Grammatikk
Insegnante	Lærer
Letteratura	Litteratur
Lettura	Lesing
Libri	Bøker
Matematica	Matte
Matita	Blyant
Scarpe	Sko
Scienza	Vitenskap
Zaino	Ryggsekk

Spezie
Krydder

Aglio	Hvitløk
Amaro	Bitter
Anice	Anis
Cannella	Kanel
Cardamomo	Kardemomme
Cipolla	Løk
Coriandolo	Koriander
Cumino	Spisskummen
Curcuma	Gurkemeie
Curry	Karri
Dolce	Søt
Finocchio	Fennikel
Liquirizia	Lakris
Noce Moscata	Muskat
Paprika	Paprika
Pepe	Pepper
Sale	Salt
Vaniglia	Vanilje
Zafferano	Safran
Zenzero	Ingefær

Sport
Idrett

Allenatore	Trener
Arbitro	Dommer
Atleta	Atlet
Baseball	Baseball
Basket	Basketball
Bicicletta	Sykkel
Campionato	Mesterskap
Ginnastica	Gymnastikk
Giocatore	Spiller
Gioco	Spill
Golf	Golf
Hockey	Hockey
Movimento	Bevegelse
Palestra	Gymnastikksal
Squadra	Team
Stadio	Stadion
Tennis	Tennis
Vincitore	Vinner

Strumenti Musicali
Musikkinstrumenter

Armonica	Munnspill
Arpa	Harpe
Banjo	Banjo
Chitarra	Gitar
Clarinetto	Klarinett
Fagotto	Fagott
Flauto	Fløyte
Gong	Gong
Mandolino	Mandolin
Marimba	Marimba
Oboe	Obo
Percussione	Perkusjon
Pianoforte	Piano
Sassofono	Saksofon
Tamburello	Tamburin
Tamburo	Tromme
Tromba	Trompet
Trombone	Trombone
Violino	Fiolin
Violoncello	Cello

Strumenti di Cottura
Verktøy for Matlaging

Bollitore	Kjele
Colino	Dørslag
Coltello	Kniv
Coperchio	Lokk
Cucchiaio	Skje
Filtro	Sil
Forbici	Saks
Forchetta	Gaffel
Forno	Ovn
Frigorifero	Kjøleskap
Frullatore	Blender
Grattugia	Rivjern
Posate	Bestikk
Spatola	Stekespade
Spremiagrumi	Juicer
Stufa	Komfyr
Termometro	Termometer
Tostapane	Brødrister

Suoni
Lyder

Applaudire	Klapp
Campana	Klokke
Concerto	Konsert
Coro	Kor
Eco	Ekko
Fischio	Fløyte
Forte	Høyt
Gemito	Stønn
Ripetitivo	Repeterende
Risata	Latter
Risonante	Resonans
Rumoroso	Støyende
Sirene	Sirener
Sussurro	Hviske
Tosse	Hoste
Vibrazione	Vibrasjon
Voci	Stemmer

Surf
Surfing

Atleta	Atlet
Campione	Mester
Divertimento	Moro
Estremo	Ekstrem
Folla	Folkemengder
Forza	Styrke
Meteo	Vær
Oceano	Hav
Onda	Bølge
Pagaia	Padle
Popolare	Populær
Principiante	Nybegynner
Schiuma	Skum
Scogliera	Rev
Spiaggia	Strand
Stile	Stil
Stomaco	Mage
Velocità	Hastighet

Tecnologia
Teknologi

Blog	Blogg
Browser	Nettleser
Byte	Byte
Computer	Datamaskin
Cursore	Markør
Dati	Data
Digitale	Digitalt
File	Fil
Font	Skrift
Internet	Internett
Messaggio	Melding
Ricerca	Forskning
Schermo	Skjerm
Sicurezza	Sikkerhet
Software	Programvare
Statistiche	Statistikk
Telecamera	Kamera
Virtuale	Virtuell
Virus	Virus

Tempo
Tid

Anno	År
Annuale	Årlig
Calendario	Kalender
Decennio	Tiår
Dopo	Etter
Futuro	Fremtid
Giorno	Dag
Ieri	I Går
Mattina	Morgen
Mese	Måned
Mezzogiorno	Middagstid
Minuto	Minutt
Notte	Natt
Oggi	I Dag
Ora	Time
Orologio	Klokke
Presto	Snart
Prima	Før
Secolo	Århundre
Settimana	Uke

Tipi di Capelli
Hårtyper

Argento	Sølv
Asciutto	Tørr
Bianco	Hvit
Biondo	Blond
Breve	Kort
Calvo	Skallet
Colorato	Farget
Grigio	Grå
Intrecciato	Flettet
Liscio	Glatt
Lungo	Lang
Marrone	Brun
Morbido	Myk
Nero	Svart
Riccio	Krøllet
Riccioli	Krøller
Sano	Sunn
Sottile	Tynn
Spessore	Tykk
Trecce	Fletter

Uccelli
Fugler

Airone	Hegre
Anatra	And
Aquila	Ørn
Cicogna	Stork
Cigno	Svanen
Cuculo	Gjøk
Falco	Hauk
Fenicottero	Flamingo
Gabbiano	Måke
Oca	Gås
Pappagallo	Papegøye
Passero	Spurv
Pavone	Påfugl
Pellicano	Pelikan
Piccione	Due
Pinguino	Pingvin
Pollo	Kylling
Struzzo	Struts
Tucano	Toucan
Uovo	Egg

Vacanze #2
Ferie # 2

Aeroporto	Flyplassen
Campeggio	Camping
Destinazione	Destinasjon
Foto	Bilder
Hotel	Hotell
Isola	Øy
Mappa	Kart
Mare	Hav
Passaporto	Pass
Ristorante	Restaurant
Spiaggia	Strand
Straniero	Utlending
Taxi	Taxi
Tempo Libero	Fritid
Tenda	Telt
Trasporto	Transport
Treno	Tog
Vacanza	Ferie
Viaggio	Reise
Visto	Visum

Veicoli
Kjøretøy

Aereo	Fly
Ambulanza	Ambulanse
Auto	Bil
Autobus	Buss
Barca	Båt
Bicicletta	Sykkel
Camion	Lastebil
Caravan	Campingvogn
Elicottero	Helikopter
Metropolitana	T
Motore	Motor
Pneumatici	Dekk
Razzo	Rakett
Scooter	Scooter
Sottomarino	Undervannsbåt
Taxi	Taxi
Traghetto	Ferje
Trattore	Traktor
Treno	Tog
Zattera	Flåte

Verdure
Grønnsaker

Aglio	Hvitløk
Broccolo	Brokkoli
Carciofo	Artisjokk
Carota	Gulrot
Cetriolo	Agurk
Cipolla	Løk
Fungo	Sopp
Insalata	Salat
Melanzana	Aubergine
Patata	Potet
Pisello	Ert
Pomodoro	Tomat
Prezzemolo	Persille
Rapa	Nepe
Ravanello	Reddik
Scalogno	Sjalottløk
Sedano	Selleri
Spinaci	Spinat
Zenzero	Ingefær
Zucca	Gresskar

Vestiti
Klær

Abito	Kjole
Braccialetto	Armbånd
Camicetta	Bluse
Camicia	Skjorte
Cappello	Hatt
Cappotto	Frakk
Cintura	Belte
Collana	Halskjede
Giacca	Jakke
Gonna	Skjørt
Grembiule	Forkle
Guanti	Hansker
Jeans	Jeans
Maglione	Genser
Moda	Mote
Pantaloni	Bukse
Pigiama	Pyjamas
Sandali	Sandaler
Scarpa	Sko
Sciarpa	Skjerf

Virtù #1
Dyder # 1

Affascinante	Sjarmerende
Affidabile	Pålitelig
Appassionato	Lidenskapelig
Artistico	Kunstnerisk
Buono	God
Curioso	Nysgjerrig
Decisivo	Avgjørende
Divertente	Morsom
Efficiente	Effektiv
Generoso	Sjenerøs
Indipendente	Uavhengig
Intelligente	Intelligent
Modesto	Beskjeden
Paziente	Pasient
Pratico	Praktisk
Pulito	Ren
Saggio	Klok
Utile	Nyttig

Congratulazioni

Ce l'hai fatta!

Speriamo che questo libro vi sia piaciuto tanto quanto a noi è piaciuto concepirlo. Ci sforziamo di creare libri della più alta qualità possibile.
Questa edizione è progettata per fornire un apprendimento intelligente, di qualità e divertente!

Le è piaciuto questo libro?

Una Semplice Richiesta

Questi libri esistono grazie alle recensioni che pubblicate.

Puoi aiutarci lasciando una recensione
ora a questo link ?

BestBooksActivity.com/Recensioni50

SFIDA FINALE!

Sfida n°1

Sei pronto per il tuo gioco gratuito? Li usiamo sempre, ma non sono così facili da trovare - ecco i **Sinonimi!**

Scrivi 5 parole che hai trovato nei puzzle (n° 21, n° 36, n° 76) e prova a trovare 2 sinonimi per ogni parola.

Scrivi 5 parole del **Puzzle 21**

Parole	Sinonimo 1	Sinonimo 2

Scrivi 5 parole del **Puzzle 36**

Parole	Sinonimo 1	Sinonimo 2

Scrivi 5 parole del **Puzzle 76**

Parole	Sinonimo 1	Sinonimo 2

Sfida n°2

Ora che ti sei riscaldato, scrivi 5 parole che hai trovato nei puzzle n° 9, n° 17 e n° 25 e cerca di trovare 2 contrari per ogni parola. Quanti ne puoi trovare in 20 minuti?

Scrivi 5 parole del **Puzzle 9**

Parole	Antonimo 1	Antonimo 2

Scrivi 5 parole del **Puzzle 17**

Parole	Antonimo 1	Antonimo 2

Scrivi 5 parole del **Puzzle 25**

Parole	Antonimo 1	Antonimo 2

Sfida n°3

Grande! Questa sfida   non è niente per te!

Pronto per la sfida finale? Scegli 10 parole che hai scoperto nei diversi puzzle e scrivile qui sotto.

1.	6.
2.	7.
3.	8.
4.	9.
5.	10.

Ora scrivi un testo pensando a una persona, un animale o un luogo che ti piace.

Puoi usare l'ultima pagina di questo libro come bozza.

La tua composizione:

TACCUINO:

A PRESTO!

Tutta la Squadra